이야기로 배우는 한국어 2

이야기로 배우는 한국어 2

초 판 인 쇄 2019년 1월 15일
초 판 발 행 2019년 1월 21일

지 은 이 김미숙, 박소연, 최숙진
영 어 번 역 Taima Attal
중 국 어 번 역 허자홍(何家宏, He jiahong)
펴 낸 이 박찬익
편 집 장 황인옥

펴 낸 곳 ㈜박이정
주 소 서울시 동대문구 천호대로 16가길 4
전 화 (02)922-1192~3
팩 스 (02)928-4683
홈 페 이 지 www.pjbook.com
이 메 일 pijbook@naver.com
등 록 2014년 8월 22일 제305-2014-00028호

ISBN 979-11-5848-412-5 (13710)

* 책값은 뒤표지에 있습니다.

이야기로 배우는 한국어 ②

재미있는 이야기, 쉬운 한국어

공저 김미숙, 박소연, 최숙진

(주)박이정

2015년에 『이야기로 배우는 한국어』 첫 번째 이야기를 출간하고 그 두 번째 이야기를 출간하는 데 3년이라는 시간이 지났습니다. 한국의 옛날이야기로 한국어를 공부하면 좋겠다고 생각했던 필자는 외국의 이야기들도 한국어로 읽으며 공부할 수 있으면 좋겠다고 생각해서 2권을 준비하게 되었습니다.

2권에는 한국의 옛날이야기뿐만 아니라 다른 여러 나라의 옛날이야기를 담았습니다. 동화도 있고 신화도 넣었습니다. 1권처럼 이야기를 읽으면서 문법과 어휘도 공부할 수 있도록 구성했습니다. 이 책을 통해 한국어 읽기 공부를 더 재미있게 할 수 있기 바랍니다. 또한 다른 나라의 이야기와 한국의 이야기의 공통점과 차이점을 생각해 보면서 읽는다면 더 재미있게 공부할 수 있을 것입니다.

이 책을 공부하면서 한국 문화도 배우고, 한국어 능력시험(TOPIK) 대비도 해서 읽기 실력 향상과 한국어 능력시험(TOPIK) 합격이라는 두 마리 토끼를 꼭 잡기를 바랍니다.

저자 일동

〈한 걸음〉 문 열기

이야기를 읽기 전에 이야기의 주제와 관련된 내용을 미리 생각해 봅니다.

〈두 걸음〉 들어가기

이야기 속에 나오는 표현은 한국어로 의미를 제시하였고 새 단어는 영어, 중국어, 일본어, 베트남어로 번역하였습니다.

이야기를 읽을 때 모르는 단어나 문법이 나오면 의미를 추측하면서 읽으십시오. 한 번 읽은 후에 단어의 의미를 확인하면서 읽으십시오. 새 표현은 '다섯 걸음'에서 공부할 수 있습니다.

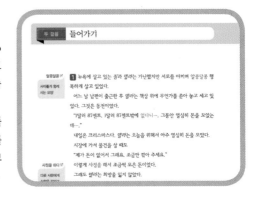

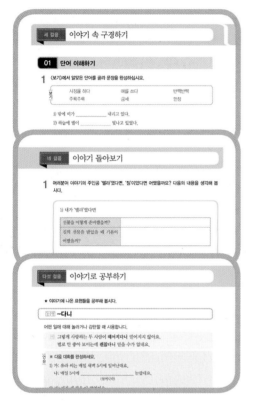

〈세 걸음〉 이야기 속 구경하기

이야기에 나온 어휘와 내용을 이해한 후 문제를 풀면서 내용을 정리해 봅니다.

〈네 걸음〉 이야기 돌아보기

이야기 전체의 내용을 정리해 봅니다.

〈다섯 걸음〉 이야기로 공부하기

이야기에 나왔던 문법을 의미와 예문을 보면서 공부합니다. 문법을 공부하고 확인할 수 있도록 간단한 연습 문제도 넣었습니다.

〈여섯 걸음〉 이야기 속 한국어 사전

이야기의 내용과 관계있는 속담이나 사자성어를 제시하였습니다. 한국어 속담이나 사자성어를 통해 한국어와 한국 문화를 이해하고, 한국어 능력 시험(TOPIK) 시험도 대비할 수 있습니다.

〈일곱 걸음〉 이야기 밖으로 나오기

이야기와 관계있는 문화를 소개합니다. 꼼꼼하게 읽으면서 이야기와 관련된 문화를 공부해 보십시오.

구성

과	주제	이야기 제목	작가 / 나라	문형 1	문형 2
1과	희생과 배려	크리스마스 선물	오헨리 / 미국	–다니	–고 나면
2과		행복한 왕자	오스카 와일드 / 아일랜드	–(으)며	–ㄴ/는다고요?
3과	성실한 삶과 사랑	평강공주와 바보 온달	한국	–아/어 대다	에 불과하다
4과		바보 이반	톨스토이 / 러시아	–(으)ㄴ/는 탓에	–기 일쑤이다
5과	삶에서 중요한 것	구두쇠 스크루지	찰스 디킨스 / 영국	(이)자	–(으)ㄴ/는데도
6과		자린고비	한국	–았/었더니	에 못지않게
7과	사랑과 용기	라푼젤	그림 형제 / 독일	–(으)ㄴ/는 셈이다	–(으)ㄹ 만큼
8과		선녀와 나무꾼	한국	–던데	–는 사이에
9과	신화	활을 잘 쏘는 주몽	한국	–다고 밝히다	–(으)ㄹ 줄 알았다/몰랐다
10과		반고와 여와 이야기	중국	–아/어 내다	에다가
11과		이자나기와 이자나미	일본	–되	–아/어 치우다
12과		라마야나	인도	–(으)려고 들다	은/는 물론이고

과	문형 3	문형 4	의성 / 의태어		사자성어 / 속담	
1과	으로부터	-든지	알콩달콩/ 주룩주룩	반짝반짝/ 뚝뚝	눈에 콩깍지가 씌었다.	일각삼추
2과	-아/어다가	-아야/어야 할 텐데(요)	훨훨/딱	똑/펑펑	콩 한 쪽도 나누어 먹는다.	살신성인
3과	-(으)나	-기에	으앙	뚝	일취월장	현모양처
4과	-(으)려다가	-(으)ㄴ/는/(으)ㄹ 듯이	펑펑	쯧쯧	무쇠도 갈면 바늘 된다.	백미
5과	-고자	-(으)ㄴ/는 김에	뚜벅뚜벅	허둥지둥	뿌린 대로 거둔다.	개과천선
6과	(으)로 인해서	치고	꼬르륵꼬르륵	우물쭈물	티끌 모아 태산	유비무환
7과	에 따라서	-기가 무섭게	고래고래	싹둑싹둑	말이 씨가 된다.	일편단심
8과	(이)라도	-는 바람에	동동	흑흑	학수고대	새옹지마
9과	-(으)ㄴ/는단 말이다	-(으)ㄹ 따름이다	딱	비쩍	잘 자랄 나무는 떡잎부터 알아본다.	군계일학
10과	여간-(으)ㄴ/는 것이 아니다	-ㄴ/는다면	휘휘	텅	천 리 길도 한 걸음부터	천신만고
11과	-(으)ㄹ 지경이다	-고야 말겠다	휘휘	바짝	믿는 도끼에 발등 찍힌다.	구사일생
12과	-(으)ㄴ들	-는 둥 마는 둥	벌벌/픽	시름시름	울며 겨자 먹기	요지부동

차례

크리스마스 선물
The gift of the Magi

01 여러분 나라에서는 특별한 날에 어떤 선물을 합니까?

02 여러분이 받은 선물 중에서 가장 기억에 남는 선물은 무엇입니까?

알콩달콩 ☑

사이좋게 함께
사는 모양

1 뉴욕에 살고 있는 *짐*과 *델라*는 가난했지만 서로를 아끼며 알콩달콩 행복하게 살고 있었다.

어느 날 남편이 출근한 후 *델라*는 책상 위에 무언가를 쏟아 놓고 세고 있었다. 그것은 동전이었다.

"1달러 87센트. 1달러 87센트밖에 없다니…. 그동안 열심히 돈을 모았는데…."

내일은 크리스마스다. *델라*는 오늘을 위해서 아주 열심히 돈을 모았다.

시장에 가서 물건을 살 때도

"제가 돈이 없어서 그래요. 조금만 깎아 주세요."

사정을 하다 ☑

다른 사람에게
상황을 말하고
도와달라고 어렵
게 부탁을 함.
㊌ 사정사정하다

이렇게 사정을 해서 조금씩 모은 돈이었다.

그래도 *델라*는 희망을 잃지 않았다.

'돈이 많지는 않지만 *짐*을 위해 무언가를 꼭 살 수 있을 거야.'

하지만 아무리 생각해도 그 돈으로 살 수 있는 것은 없었다. *짐*에게 크리스마스 선물을 할 수 없을 것 같아서 *델라*는 너무 슬퍼졌다.

2 *짐*과 *델라*는 아주 낡고 오래된 아파트에 살고 있었는데 그 아파트의 집세는 주당 8달러였다. *짐*의 월급은 주당 20달러였고, 집세를 내고 나면 남은 돈으로 먹고살기가 정말 힘들었다.

애를 쓰다 ☑

어떤 일을 하려
고 노력함.

뉴욕은 정말 화려한 도시다. 하지만 그런 뉴욕에서 가난한 두 사람이 살아가기는 쉽지 않았다. 아무리 애를 써도 형편은 나아지지 않았다.

새단어

- **세다** to count, 数、数える, đếm
- **낡다** to be worn out, 破旧, 古びれる, cũ
- **먹고살다** to make a living, 过日子, 生きていく, sinh sống
- **화려하다** to be fancy, 华丽, 華やか, lộng lẫy
- **형편** circumstances, 境况, 事情, 様子, tình cảnh

3 무엇을 선물하면 짐이 기뻐할까 생각하던 델라는 거울을 보았다. 그리고 자신의 길고 아름다운 머리카락을 보았다. 보는 사람마다 부러워하던 머리카락이었다.

거울을 보던 델라는

'그래! 머리카락을 팔자. 그리고 그 돈으로 짐의 선물을 사는 거야.'

이렇게 생각하며 외출 준비를 했다. 짐을 위한 크리스마스 선물을 살 수 있을 것 같아서 너무 기뻤다.

새단어

• **머리카락** hair, 头发, 髪の毛, tóc

4 델라는 미용실로 향했다. 하지만 조금 걱정되었다.

'짐이 내 짧은 머리를 싫어하면 어떡하지?'

'괜찮아. 머리는 금방 기니까 괜찮을 거야.'

델라는 계속 고민했다.

무엇보다 짐이 짧은 머리를 싫어할까 봐 가장 걱정이 되었지만 괜찮을 거라면서 자신을 위로했다. 그리고 미용실로 들어갔다.

"저… 머리카락을 좀 팔고 싶은데요. 제 머리카락을 팔면 얼마를 받을 수 있을까요?"

델라의 아름다운 머리카락을 본 주인은 20달러를 주겠다고 했다.

델라는 머리카락을 팔았다. 델라는 조금 슬펐지만 짐을 위한 선물을 살 수 있다는 생각에 금세 기분이 좋아졌다.

5 돈을 받은 후 델라는 짐을 위한 선물을 사기 위해 여기저기 돌아다녔다. 무슨 선물이 가장 좋을까 생각하면서 짐에게 선물을 할 수 있다는 생각에 너무 행복했다. 그리고 어느 가게에 들어갔다.

"시곗줄을 좀 사고 싶은데요."

짐에게는 할아버지로부터 물려받은 멋진 시계가 있었다. 하지만 그 시계는 줄이 없었다. 그래서 델라는 멋진 시계에 어울리는 시곗줄을 선물하기로 한 것이었다.

델라는 시곗줄을 산 후 집으로 돌아와 짐을 기다리며 저녁을 준비했다.

새단어

- **향하다** to head toward, 朝着, 向かう, hướng tới, hướng về
- **위로하다** to comfort, 安慰, 慰める, an ủi
- **금세** soon, 马上, たちまち, ngay bây giờ
- **물려받다** to inherit, 继承, 譲り受ける, được thừa hưởng

6 저녁이 되자 *짐*이 돌아왔다. 하루종일 기다리던 시간이었다. *델라*는 *짐*의 얼굴을 보았다. 그런데 *짐*의 표정이 좋지 않았다. 그리고 아무 말도 하지 않았다.

*델라*는 밝은 표정으로 *짐*에게 말을 걸었다.

"*짐*, 오늘 하루는 어땠어요? 저 머리를 잘랐는데 어때요? 짧아서 이상해요? 당신이 짧은 머리를 싫어할까 봐 많이 걱정했어요. 하지만 머리는 금방 길잖아요. 당신이 싫다고 하면 다시 기를게요."

*델라*는 마음 한쪽은 슬펐지만 밝은 척하면서 수다쟁이처럼 말을 이어 갔다.

그런 *델라*를 보는 *짐*의 눈이 너무 슬퍼 보였다.

*델라*는 더 이상 아무 말도 할 수 없었다.

새단어

• **수다쟁이** a chatterbox, 话痨, 饶舌, kẻ nhiều chuyện   • **잇다** to join, 接上, 结ぶ, nối tiếp

7 *"델라*, 당신의 머리카락이 길든 짧든 당신은 항상 아름다워요. 당신이 어떤 모습을 하든지 저는 당신을 사랑하고요."

*짐*은 이렇게 말하면서 작은 선물을 꺼내 놓았다.

그 선물 안에는 *델라*의 머리카락을 더 아름답게 해 줄 '머리핀'이 들어 있었다.

"짐, 정말 마음에 들어요. 너무 아름다워요."

반짝반짝 ☑

작은 빛이 있다가 사라지는 모양

*델라*는 그 머리핀을 브로드웨이의 한 가게에서 본 적이 있었다. 반짝반짝 너무 아름다워서 한참 보았었다. 하지만 너무 비싼 것이었다. *델라*의 눈에서 눈물이 뚝뚝 떨어졌다.

"짐, 너무 고마워요. 머리는 빨리 기니까 곧 머리핀을 할 수 있을 거예요. 정말 고마워요. 그리고 여기 이건 제 선물이에요."

뚝뚝 ☑

눈물이 아래로 떨어지는 소리나 모양

눈물을 흘리며 *델라*는 준비한 선물을 꺼내 놓았다.

"당신 마음에 들었으면 좋겠어요."

선물을 본 *짐*도 눈물을 주룩주룩 흘리기 시작했다.

주룩주룩 ☑

비나 눈물이 계속 내리거나 떨어지는 소리

선물 상자 안에는 *짐*이 갖고 싶어 하던 시곗줄이 들어 있었기 때문이다.

"델라, 고마워요. 하지만 이 시곗줄은 나중에 할게요. 사실 당신 선물을 사려고 시계를 팔았거든요."

두 사람은 서로를 꼭 안아 주며 서로를 위로했다.

두 사람은 세상에서 가장 행복한 크리스마스를 보냈다.

8 세상에서 가장 값진 선물은 무엇일까? 아기 예수를 위해 소중한 선물을 한 동방박사처럼 이 두 사람이 서로에게 준 선물은 세상에서 가장 값진 선물이었을 것이다.

새단어

- **한참** for a time, 许久, しばらくの間, một hồi lâu
- **소중하다** to be dearly valued, 珍贵, 大切だ, quý báu
- **값지다** to be valuable, 有价值的, 高価だ, đáng giá

- **동방박사** the Three Wise Men, 东方三博士, 東方の三博士, tiến sĩ phương đông

이야기 속 구경하기

01 단어 이해하기

1 〈보기〉에서 알맞은 단어를 골라 문장을 완성하십시오.

보기	사정을 하다	애를 쓰다	반짝반짝
	주룩주룩	금세	한참

1) 밖에 비가 _____ 내리고 있다.

2) 하늘에 별이 _____ 빛나고 있었다.

3) 윤오 씨가 안 와서 _____ 기다렸어요.

4) 어제 너무 피곤해서 침대에 눕자마자 _____ 잠이 들었어요.

5) 휴대 전화를 잃어버린 후 찾으려고 _____ -지만 찾을 수 없었다.

02 내용 이해하기

1 다음의 내용이 맞으면 O, 틀리면 X 하십시오.

1) 짐의 한 달 월급은 20달러이다. ( )

2) 델라의 머리카락은 길고 아름다웠다. ( )

3) 델라와 짐은 뉴욕의 낡은 아파트에 살고 있다. ( )

4) 짐은 시곗줄을 팔아서 델라와 같이 저녁을 먹었다. ( )

5) 델라는 크리스마스 선물을 받기 위해 머리카락을 팔았다. ( )

2 이 글의 주제로 알맞은 것을 고르십시오.

① 선물은 비쌀수록 좋다.

② 사랑하는 마음은 가장 큰 선물이다.

③ 크리스마스에는 선물을 꼭 해야 한다.

④ 크리스마스에 식사 약속을 해야 한다.

이야기 돌아보기

1 여러분이 이야기의 주인공 '델라'였다면, '짐'이었다면 어땠을까요? 다음의 내용을 생각해 봅시다.

1) 내가 '델라'였다면

선물을 어떻게 준비했을까?	
짐의 선물을 받았을 때 기분이 어땠을까?	

2) 내가 '짐'이었다면

선물을 어떻게 준비했을까?	
델라의 선물을 받았을 때 기분이 어땠을까?	

2 여러분은 사랑하는 사람에게 어떤 선물을 하고 싶습니까? 메모하고 이야기해 본 후 간단히 써 보세요.

주고 싶은 선물	
그 선물을 하고 싶은 이유	
그 선물을 준비하는 방법	

이야기로 공부하기

★ 이야기에 나온 표현들을 공부해 봅시다.

동형 −다니

어떤 일에 대해 놀라거나 감탄할 때 사용합니다.

예 그렇게 사랑하는 두 사람이 **헤어지다니** 믿어지지 않아요.

별로 안 좋아 보이는데 **괜찮다니** 믿을 수가 없네요.

연습 ※ 다음 대화를 완성하세요.

1) 가: 유라 씨는 매일 새벽 5시에 일어난대요.

나: 매일 5시에 _____ 놀랍네요.

　　　　　　　　　　(일어나다)

2) 가: 피자 세 판을 다 먹었어요.

나: 네? 정말요? _____ 믿을 수 없네요.

　　　　　　(그 많은 피자를 다 먹다)

3) 가: 윤오 씨가 한국에서 제일 좋은 대학교에 합격했대요.

나: 그래요? 그 학교 합격하기 어려운데 _____ 정말 대단하네요.

　　　　　　　　　　　　　　　　　(합격하다)

동 −고 나면

'어떤 행동이 끝난 후가 되면'을 의미하는 표현입니다.

예 제 이야기를 듣고 **나면** 제가 왜 그랬는지 이해하게 될 거예요.

유라 씨가 밥을 다 **먹고 나면** 그때 출발해요.

연습 ※ 다음 문장을 완성하세요.

1) 밥을 먹다 + 너무 졸리다

_____

2) 남편이 출근하다 + 내 일을 시작하다

_____

3) 운동하고 샤워하다 + 기분이 좋아지다

_____

명 (으)로부터

어떤 행동, 일의 출발이 되는 것을 말할 때 사용합니다. 주로 글에서 사용합니다.

> 예 이 가게는 **할머니로부터** 물려받은 곳이다.
>
> **지금으로부터** 1년 전, 그 사건이 일어났다.

연습 ※ 다음 문장을 완성하세요.

1) 환경 보호는 환경에 대한 작은 _____ 시작된다.
(관심)

2) _____ 입학 허가 메일을 받았다.
(그 대학교)

3) 유라 씨는 _____ 음악적 재능을 물려받았다.
(아버지)

동형 -든지

두 가지 가운데 어느 하나를 선택함을 나타내거나 여러 사실 중에서 어느 것을 선택해도 상관이 없다는 것을 말할 때 사용합니다. 주로 말하기에서 많이 사용합니다.

> 예 우리 같이 쇼핑을 **하든지** 영화를 **보든지** 해요.
>
> 저는 그 브랜드의 가방은 **비싸든지 싸든지** 꼭 사요.

연습 ※ 다음 대화를 완성하세요.

1) 가: 우리 내일 뭐 할까요?

　나: _____ 저는 다 좋아요.
(같이 밥을 먹다 + 차를 마시다)

2) 가: 어떤 남자를 만나고 싶어요? 키가 커야 해요?

　나: _____ 상관없어요. 성격이 제일 중요해요.
(키가 크다 + 작다)

3) 가: 주말인데 _____ 하자.
(산책을 하다 + 자전거를 타다)

　나: 좋아. 나가자.

눈에 콩깍지가 씌었다.

상대방에게 반해서 너무 사랑하게 되어 상대방이 하는 것은 무조건 좋아하게 된다는 의미입니다.

예 가: 그 사람 정말 멋있어. 그렇지?

나: 언니, **눈에 콩깍지가 씌었구나.** 키도 안 크고, 얼굴도 별로인데 뭐가 멋있다는 거야?

일각삼추(一刻三秋)

매우 짧은 시간이 삼 년처럼 길게 느껴진다는 뜻으로 기다리는 마음이 아주 간절하다는 뜻입니다.

예 사랑하는 유라 씨를 기다리는 동안 '**일각삼추**'라는 말이 실감이 났다. 우리가 만나기로 한 약속 시간이 너무 멀게 느껴졌다.

이야기 밖으로 나오기

　사랑은 전 세계에서 가장 많이 다루고 있는 주제다. 영화, 노래, 소설 등에서 '사랑'을 주제로 한 작품을 쉽게 찾아 볼 수 있다. 한국에도 사랑을 다루고 있는 이야기가 많다.

　이 이야기는 미국의 유명한 소설가 오 헨리(O. Henry)의 작품이다. 이 작품의 제목은 『The gift of the Magi』인데 한국에서는 '크리스마스의 선물'이라는 제목으로 더 유명하다. 주인공의 깊은 사랑이 많은 감동을 주는 작품이다.

〈오 헨리〉

　최근 한국에는 경제적인 문제로 결혼이나 출산을 하지 않아 사회적 문제가 되고 있다. 결혼의 조건으로도 사랑보다는 돈과 경제력을 가장 중요하게 생각하고 있다고 한다. 조건 때문에 결혼을 하지 않고 경제적인 문제 때문에 자녀를 낳지 않는 문제가 계속되고 있어서 한국은 곧 '초고령사회'가 될 것이라는 전망도 있다. 이러한 현실에서 '사랑'이 주는 감동은 다시 한번 생각해 보아야 할 것이다.

Story

2

행복한 왕자
The Happy Prince

한 걸음 문 열기

01 지금까지 살면서 언제 가장 행복했습니까?

02 '행복'은 무슨 색깔로 표현할 수 있을까요?

1 어느 도시의 광장에 한 왕자의 동상이 서 있었다. 그 동상은 도시가 한눈에 보이는 높은 곳에 있었다. 왕자는 매우 잘생겼고 그 모습도 매우 화려하고 아름다웠다. 몸은 금으로 만들어져 있었고 눈에는 사파이어가 박혀 있었으며 차고 있는 칼에는 루비가 박혀 있었다. 그 도시 사람들은 그 동상을 '행복한 왕자'라고 불렀고 왕자의 동상을 자랑스러워했다.

"이 행복한 왕자는 우리 도시의 자랑이지요."

"맞아요. 정말 아름다운 동상이에요. 이 동상이 우리 도시를 더 아름답게 만드는 것 같아요."

광장에 나온 시 의원들은 왕자의 동상을 보며 감탄했고 광장에서 놀던 아이들도 행복한 왕자는 천사를 닮은 것 같다고 말했다.

2 그러던 어느 날, 이 도시 근처로 제비 한 마리가 날아왔다. 제비는 여기저기 구경하면서 다니다가 이 도시까지 날아오게 되었다. 이 제비와 같이 지내던 다른 제비들은 모두 따뜻한 이집트로 갈 준비를 하고 있었다. 하지만 이 제비는 들판의 갈대를 보고 첫눈에 반해 버렸고 그 갈대를 사랑하게 되었다. 다른 제비들이 갈대를 어떻게 사랑하느냐면서 비웃으며 이집트로 떠나 버렸다. 혼자 남은 제비는 갈대에게 같이 이집트로 떠나자고 말했

새단어

- **동상** a bronze statue, 铜像, 銅像, tượng đồng
- **사파이어** a sapphire, 蓝宝石, サファイア, đá saphia
- **차다** to carry, 佩带, 着ける, đeo
- **루비** a ruby, 红宝石, ルビー, đá ru bi
- **박히다** to be embedded, 嵌入, 打ち込まれる, bị đóng, được đóng, mắc kẹt
- **자랑** boast, 骄傲, 誇り, niềm tự hào
- **감탄하다** to marvel at, 感叹, 感嘆, thán phục
- **천사** an angel, 天使, 天使, thiên xứ, thiên thần
- **날아오다** to fly, 飞来, 飛んで来る, bay đến
- **갈대** a reed, 芦苇, アシ, cây sậy
- **반하다** to fall in love, 迷上, 惚れる, mê mẩn
- **비웃다** to mock, 嘲笑, 嘲笑う, cười chế nhạo
- **이집트** Egypt, 埃及, エジプト, Ai Cập

지만 갈대는 싫다고 거절했다. 갈대의 반응에 실망한 제비는 피라미드를 보겠다면서 갈대 곁을 떠났다. 제비는 하늘을 훨훨 날아 이집트로 가고 있었다.

☑ **훨훨**

새가 하늘을 나는 모습

3 작은 제비는 도시의 행복한 왕자 동상까지 오게 되었다.

"오늘 밤은 여기에서 지내야겠다. 어디에서 쉴까? 이 도시에는 잠을 잘 수 있는 곳이 많이 있는 것 같네."

그리고 행복한 왕자의 동상을 봤다.

'와, 여기는 쉬기 딱 좋은 곳인데. 사람들이나 동물들한테서 멀리 떨어져 있어서 안전한 데다 공기도 맑고 좋다.'

☑ **딱**

어떤 상황, 크기 등이 정확하게 맞는 모양

이렇게 생각한 제비는 동상의 발아래에 앉아서 쉬기로 했다.

제비가 잠이 들려는 순간 날개에 물방울이 떨어지는 것을 느꼈다.

"이상하네. 비가 오나? 하늘에 구름도 없는데."

그때 물이 또 떨어지는 것이 느껴졌다. 동상의 발아래가 쉬기 완벽한 장소라고 생각했던 제비는 실망했다. 제비는 다른 좋은 곳을 찾아야겠다고 생각했다.

다른 곳을 찾아 하늘로 날아가려고 하는데 물이 또 한 방울 똑 떨어졌다.

제비는 고개를 들어 동상을 바라보았다.

그 물방울은 바로 행복한 왕자가 흘린 눈물이었다.

☑ **똑**

물이 한 방울 떨어지는 모양

새단어

- **거절하다** to refuse, 拒绝, 断る, từ chối
- **안전하다** to be safe, 安全, 安全だ, an toàn
- **잠이 들다** to fall asleep, 入睡, 眠りにつく, ngủ
- **완벽하다** to be perfect, 完美, 完璧だ, hoàn hảo

- **실망하다** to be disappointed, 失望, 失望する, thất vọng
- **바라보다** to gaze at, 望去, 見渡す, nhìn thẳng
- **눈물을 흘리다** to shed tears, 流眼泪, 涙を流す, rơi nước mắt

4 "누구신데 울고 계세요?"

"나는 행복한 왕자야."

"행복한 왕자라고요? 그런데 왜 울고 있는 거예요?"

제비는 눈물을 뚝뚝 흘리고 있는 왕자를 보며 물었다.

"내가 살아 있을 때 나는 정말 아름다운 궁에서 살았어. 나는 그 멋진 궁의 밖으로 나가 본 적이 없었지. 나는 정말 행복했어. 신하들도 나를 '행복한 왕자'라고 불렀지. 나는 궁 밖의 사람들의 슬픔에 대해서는 전혀 알지 못했어. 사람들이 얼마나 힘든지, 얼마나 슬픈지 몰랐어. 그런데 지금 나는 사람들의 고통을 매일 보게 되었어. 하지만 내가 해 줄 수 있는 일이 하나도 없어. 그래서 이렇게 눈물만 흘리고 있는 거야."

'하지만 이 동상은 금으로 만들어졌는데….'

제비는 금으로 만들어진 동상이 운다는 사실에 깜짝 놀랐다.

새단어

• **궁** a palace, 宮, 宮殿, cung điện

• **고통** pain, anguish, 痛苦, 苦しみ, nỗi đau

5 "이 도시는 화려하고 아름답지만 도시 구석구석 힘들게 사는 사람들이 많아. 얼마 전에는 아주 가난한 집을 봤어. 그 집에는 한 여자가 살고 있는데 아주 열심히 일해. 옷을 만드는 일을 하는데 손은 빨갛고 상처투성이야. 그 여자는 아름다운 드레스를 만들어야 해. 하지만 드레스를 만들어 본 적이 없어서 밤새도록 일해야 하지. 그 여자에게는 아기가 있는데 그 아기가 지금 많이 아파. 하지만 아기에게 줄 것이 없어. 제비야, 부탁인데 내 칼에서 루비를 빼서 그 집에 갖다 줄 수 있겠니? 나는 움직일 수가 없어서."

"하지만 저는 이집트에 가야 돼요. 친구들이 기다리고 있어요."

6 행복한 왕자는 제비에게 다시 한번 부탁을 했다.

"제비야, 오늘 하루면 돼. 제발 이 루비를 가난한 그 집에 갖다줘."

"하지만 저는 아이들을 좋아하지 않아요. 지난여름에 어떤 아이들이 제게 돌을 던져서 다칠 뻔했거든요."

새단어

• **상처투성이** cuts and bruises, 浑身是伤, 傷だらけ, đầy vết thương

이렇게 말하면서 왕자를 봤는데 왕자의 얼굴이 너무 슬퍼 보여서 제비는 왕자의 부탁을 들어주기로 했다. 그리고 왕자의 칼에서 루비를 빼서 왕자가 말한 집을 향해 날아갔다. 제비는 도시 위를 날아 궁을 지나게 되었다. 그때 궁에서 아름다운 연인이 이야기를 나누는 것을 보게 되었다. 여자는 파티에 드레스를 못 입고 갈까 봐 걱정하고 있었다.

제비는 계속 날아서 왕자가 말한 집에 도착했다. 왕자가 말한 대로 아기는 아파서 침대에 누워 있었다. 아이는 열이 나고 있었으나 아이의 엄마는 너무 지친 채 잠이 들어 있었다.

제비는 그 아이의 엄마의 손에 루비를 떨어뜨렸다. 그리고 열이 나고 있는 아기를 위해 날개로 바람을 만들어 주었다.

"아기야, 빨리 나아야 돼."

그러자 아기는 편안해진 얼굴로 잠이 들었다.

"왕자님이 말하신 대로 루비를 가져다가 주었어요. 날씨가 쌀쌀한데도 춥지 않네요."

"그건 네가 좋은 일을 해서 행복하기 때문이야."

제비는 행복하게 잠을 잘 수 있었다.

7 다음 날 제비는 왕자에게 이집트로 떠나야 한다고 말했다. 그러자 행복한 왕자는 또 다시 제비에게 부탁을 했다. 제비는 오늘은 꼭 가야 한다고 말했지만 왕자는 너무 간절하게 부탁을 했다.

새단어

- **지치다** to be exhausted, 疲劳, くたびれる, 　　　　　메 mỏi, chán chường
- **떨어뜨리다** to drop, 掉落, 落とす, đánh rơi, làm rơi
- **간절하다** to be ardent, desperate, 恳切, 心から, thiết tha

"떠나기 전에 한번만 나를 도와줘. 이 사람은 연극 대본을 쓰는 작가야. 너무 춥고 배가 고파서 글을 쓸 수 없어. 이 사람을 위해 내 눈에 있는 사파이어를 가져다가 주면 좋겠어. 이 사파이어는 아주 귀한 것이거든. 그 작가에게 도움이 될 거야. 부탁이야."

제비는 눈을 뺄 수 없다고 거절했지만 결국 왕자의 눈에 있는 사파이어를 빼서 그 남자에게 가져다 주었다. 그 남자는 사파이어를 보고 기적이 일어났다면서 눈물을 흘렸다. 그 모습을 본 제비는 행복했다.

8 "왕자님, 이제 이집트로 가야 돼요. 봄에 꼭 다시 돌아올게요."

제비는 이렇게 이야기했지만 왕자는 성냥을 팔고 있는 여자 아이를 한번만 도와 달라고 부탁했다.

"그 여자 아이는 신발도 양말도 없이 추위에 떨며 성냥을 팔고 있어."

왕자는 여자 아이에게 다른 쪽 눈에 있는 사파이어를 가져다 주라고 했다. 사파이어를 가지고 가면 그 여자 아이는 더 이상 아버지에게 맞지 않을 거라고 했다.

제비는 할 수 없이 왕자의 말대로 왕자의 눈에서 사파이어를 빼서 그 여자 아이에게 가져다 주었다. 앞을 볼 수 없게 된 왕자는 제비에게 말했다.

"고마워. 이제 이집트로 떠나. 겨울이 오기 전에 가야 해."

"아니요. 저는 이제 왕자님 곁에 있겠어요."

새단어

• **귀하다** to be precious, 貴重, 貴重だ, quý giá, cao quý
• **기적** miracle, 奇迹, 奇跡, kì tích
• **결국** in the end, 結果, 最终, 結局, rốt cục, cuối cùng

9 행복한 왕자는 이제 앞을 볼 수 없었다. 제비는 그런 왕자의 어깨에 앉아 많은 이야기를 들려주었다. 제비는 그동안 여행했던 곳과 코끼리와 같은 동물들에 대해 이야기했다.

"네가 해 주는 이야기는 정말 재미있구나. 하지만 나는 사람들이 고통스럽지 않은지 궁금해. 사람들이 어떻게 살고 있는지 이야기해 줄 수 있니?"

제비는 도시 여기저기를 날아다니며 사람들이 어떻게 사는지 보고 왕자에게 이야기해 주었다.

"왕자님, 다리 밑에 가난한 아이가 두 명 있어요. 너무 추워서 서로 꼭 안고 있어요. 그런데 경비원이 아이들을 쫓아냈어요."

"제비야. 내 몸에서 금을 가져다 그 아이들에게 줘."

아이들은 왕자의 금 덕분에 따뜻한 음식을 사 먹을 수 있었다.

펑펑 ☑
눈이 많이 내리는 모양

10 시간은 지나 추운 겨울이 되었다. 하늘에서 눈이 펑펑 내렸다. 제비는 추위에 점점 지쳐 가고 있었다.

"나 때문에 너무 오래 여기 있었네. 빨리 이집트로 가야 할 텐데."

"왕자님, 저는 이집트로 가지 않을 거예요. 왕자님 곁에 있을 거예요. 이제 졸려요. 자야겠어요. 왕자님, 사랑해요."

제비는 왕자의 발아래에서 결국 죽고 말았다. 제비가 죽는 그 순간 왕자의 심장도 부서지고 말았다.

새단어

• **들려주다** to inform, 给人听, 聞かせる, cho nghe
• **고통스럽다** to be painful, 痛苦, 苦しい, đau khổ
• **쫓아내다** to throw someone out, 赶走, 追い出す, đuổi ra

• **부서지다** to be shattered, 碎, 壊れる, bị vỡ, bị lan ra

11 다음 날 아침, 시의원들이 광장을 지나갔다. 시의원들은 행복한 왕자의 동상을 보고 깜짝 놀랐다.

"아니, 왕자의 동상이 왜 이렇게 되었지요? 정말 끔찍하군요. 루비도 사파이어도 다 사라졌어요."

"그러게 말이에요. 동상 아래에 제비도 죽어 있어요."

얼마 후 행복한 왕자의 동상은 광장에서 치워졌다. 화려하고 아름다웠던 동상이 쓸모없어졌기 때문이다. 사람들은 왕자의 동상을 녹였다. 그런데 왕자의 심장은 녹지 않았다. 쓸모없어진 왕자의 심장은 제비와 함께 버려졌다.

12 왕자의 심장과 제비는 천국으로 가게 되었다. 이 도시에서 가장 귀중한 것을 가지고 오라는 신의 명령에 천사들이 왕자의 심장과 제비를 가져 갔기 때문이다. 행복한 왕자는 황금 도시에서 영원히 살게 되었고 제비는 천국에서 영원히 노래하게 되었다.

새단어

- **끔찍하다** to be terrible, 惨不忍睹, むごい, khủng khiếp
- **치워지다** to be cleaned up, 清除, 片付ける, dọn đi
- **녹이다** to melt, 熔化, 溶かす, nung chảy
- **심장** heart, 心脏, 心臓, tim
- **쓸모없다** to be of no use, 没用, 使い道がない, vô dụng
- **버려지다** to be thrown out, 被扔, 捨てられる, bị vứt bỏ
- **천국** heaven, 天堂, 天国, thiên đường
- **귀중하다** to be precious, 贵重, 尊い, quý trọng
- **명령** command, 命令, 命令, mệnh lệnh

이야기 속 구경하기

01 단어 이해하기

1 〈보기〉에서 알맞은 단어를 골라 문장을 완성하십시오.

보기	훨훨	펑펑	거절하다	쓸모없다	상처투성이

1) 하늘에서 눈이 ＿＿＿＿＿＿ 내리고 있어요.

2) 새가 되어 하늘을 ＿＿＿＿＿＿ 날고 싶어요.

3) 이 물건은 고장이 나서 이제 ＿＿＿＿＿＿ 물건이 되었다.

4) 친구가 숙제를 도와 달라고 부탁을 했는데 바빠서 ＿＿＿＿＿＿.

5) 항상 열심히 노력하는 그 축구 선수의 발은 언제나 ＿＿＿＿＿＿였다/이었다.

02 내용 이해하기

1 다음의 내용이 맞으면 O, 틀리면 X 하십시오.

1) 행복한 왕자는 루비와 사파이어가 박힌 동상이다. ( )

2) 행복한 왕자는 도시의 불쌍한 사람들을 보면서 가슴 아파했다. ( )

3) 제비는 갈대와 헤어진 후 이집트로 떠났다. ( )

4) 제비는 왕자의 부탁으로 루비를 작가에게 가져다주었다. ( )

5) 왕자와 제비는 천국에서 천사가 되었다. ( )

2 이 글의 주제를 한 단어로 말할 때 가장 알맞은 것을 고르십시오.

① 희생   ② 책임

③ 배려   ④ 양보

이야기 돌아보기

1 이 이야기의 '행복한 왕자'는 자신을 희생하면서 다른 사람을 돕습니다.
이렇게 자신을 희생하면서까지 다른 사람을 돕는 일은 옳은 일일까요? 이야기해 봅시다.

자신의 의견	
그렇게 생각한 이유	

2 행복한 삶을 위해 필요한 조건은 무엇이라고 생각합니까? 메모를 해 본 후 간단히 써 보세요.

행복한 삶을 위한 조건	
그것이 꼭 필요한 이유	

이야기로 공부하기

★ 이야기에 나온 표현들을 공부해 봅시다.

동형 -(으)며

어떤 상태나 사실을 나열할 때 사용하는데 주로 글에서 사용합니다.
한 가지 이상 행동을 동시에 하는 것을 표현할 때도 사용할 수 있습니다.
(『이야기로 배우는 한국어 1』 4과 참고)

> 예 내 친구 윤오는 착하고 **성실하며** 긍정적인 사람이다.
>
> 오늘은 전국적으로 **맑겠으며** 오후부터 흐려지는 곳이 있겠습니다.

연습 ※ 다음 문장을 완성하세요.

1) 그 가수는 노래도 잘하고 춤도 잘 ＿＿＿＿＿＿＿ 연기도 잘한다.
(추다)

2) 통영은 경치가 ＿＿＿＿＿＿ 볼거리가 다양한 여행지이다.
(아름답다)

3) 이 꽃은 봄과 여름에 주로 ＿＿＿＿＿＿ 아름답기로 유명하다.
(볼 수 있다)

동 -ㄴ/는다고요?, 형 -다고요?

다른 사람의 말을 듣고 확인하며 물을 때 사용합니다.
주로 믿을 수 없거나 놀라서 다시 확인할 때 사용합니다.

> 예 가: 저 내일 고향에 돌아가요.
>
> 나: 네? 고향에 **돌아간다고요?**
>
> 가: 내일 또 시험이 있어요.
>
> 나: 네? 어제 시험을 봤는데 또 시험이 **있다고요?**

연습 ※ 다음 대화를 완성하세요.

1) 가: 제 동생은 노래를 잘해요.   나: 네? 동생이 노래를 ＿＿＿＿＿＿＿＿＿

2) 가: 저 다음 주에 결혼해요.   나: 뭐라고요? 다음 주에 ＿＿＿＿＿＿＿＿＿

3) 가: 밖에 비가 와요.   나: 정말요? 지금 비가 ＿＿＿＿＿＿＿＿＿＿

동 -아/어다(가)

어떤 행동을 한 후 그 다음 행동을 할 때 사용합니다.
보통 어떤 행동을 한 후 그 결과를 가지고 뒤의 일을 하는 상황에 씁니다.
앞뒤에 같은 사람이 하는 행동이어야 하고 장소가 달라집니다.

> 예 친구가 김밥을 **만들어다가** 주었어요.
> 배고픈데 맛있는 거 **사다가** 집에서 먹자.

연습 ※ 다음 문장을 완성하세요.

1) 유라 씨가 요리를 하다 + 에릭 씨한테 주다 ▶ _____

2) 저는 도서관에서 책을 빌리다 + 집에서 읽다 ▶ _____

3) 친구가 가방을 사다 + 저한테 선물로 주다 ▶ _____

동 형 -아야/어야 할 텐데(요)

어떤 일에 대해 걱정하면서 말할 때 사용합니다.

> 예 가: 지난번 시험을 못 봤어요. 이번 시험은 잘 **봐야 할 텐데** 걱정이에요.
> 나: 열심히 했으니까 잘 볼 거예요.
>
> 가: 이번 주 금요일에 친구들과 모여서 놀 거예요.
> 나: 날씨가 **좋아야 할 텐데요.**

연습 ※ 다음 대화를 완성하세요.

1) 가: 에릭 씨가 많이 다쳐서 병원에 입원했대요.
　 나: 네. 알고 있어요. _____ (빨리 낫다)

2) 가: 내일 회사에서 큰 행사를 한다면서요?
　 나: _____ (손님들이 많이 오다)

3) 가: 회의를 2시에 한대요.
　 나: 그래요? 지금 가요. _____ (빨리 도착하다)

콩 한 쪽도 나누어 먹는다.

작은 것도 서로 나눈다는 뜻입니다.

> 예　가: 어려울 때일수록 서로 도와야 돼요.
> 　　나: 맞아요. **콩 한 쪽도 나누어 먹는다**는 말도 있잖아요.

살신성인(殺身成仁)

자신을 희생하여 좋은 일을 한다는 뜻입니다.

> 예　**살신성인**의 자세로 사람들을 구한 소방관의 이야기가 신문에 나왔다.

이 이야기는 아일랜드의 작가 오스카 와일드(Oscar Wilde)의 작품이다. 오스카 와일드는 많은 사랑을 받은 작가로 아일랜드의 메리온 스퀘어(Merrion Square) 공원에 가면 그의 동상을 볼 수 있다.

'행복한 왕자'는 행복한 삶에 대해 다시 생각해 보게 만드는 이야기로, 주는 것이 있으면 받는 것도 있어야 한다고 계산적으로 생각하는 현대인들에게 좋은 교훈을 준다.

어려운 사람을 위해 아낌없이 나누는 왕자의 모습은 한국 동화 '할미꽃'의 할머니의 모습과 비슷하다. [이야기로 배우는 한국어 1 참고] '할미꽃'의 할머니는 손녀를 위해 희생한 것이었지만 행복한 왕자처럼 다른 사람을 위해 희생하는 것은 정말 어려운 일일 것이다. 이런 삶은 정말 가치가 있다. 누군가를 위해 희생하고 사랑을 주는 모습을 우리는 배워야 하지 않을까? 그리고 이 이야기를 읽으면서 삶의 가치에 대해 다시 한번 생각해 보아야 할 것이다.

〈오스카 와일드의 동상〉

평강공주와 바보 온달

01 만약 결혼을 한다면 어떤 사람과 하고 싶습니까?

02 결혼을 할 때 필수 조건이 뭐라고 생각합니까?

1 고구려의 한 마을에 온달이라는 아이가 살고 있었다. 온달은 아버지가 일찍 돌아가셔서 어머니와 단둘이 살고 있었는데 어머니도 건강이 좋지 않았다. 온달은 그런 어머니를 위해 항상 최선을 다했다. 온달은 너무 착하고 순진해서 '바보 온달'이라고 놀림을 받았고 아무도 그와 놀려고 하지 않았다. 온달은 그렇게 놀림을 받으면서도 항상 열심히 사는 아이였다.

한편 온달이 살던 시대는 고구려 *평원왕* 때인데 *평원왕*에게는 울보 딸 *평강공주*가 있었다. *평강공주*는 툭하면 울어 대서 모두를 곤란하게 만들곤 했다.

왕은 공주가 '으앙' 하고 울 때마다

"계속 울면 바보 온달에게 시집보낸다."

라고 농담 삼아 말했고 신기하게도 그 말을 들으면 공주는 울음을 뚝 그쳤다.

툭하면 ☑
조금이라도 기회가 있으면 바로

으앙 ☑
아기가 우는 소리

뚝 ☑
계속되던 것이 갑자기 멈추게 되는 모양

2 세월이 지나 *평강공주*는 아름다운 공주로 성장했고 결혼할 나이가 되었다. 왕은 최고의 신랑에게 공주를 시집보내려고 했으나 공주는 왕의 뜻을 받아들이지 않았다.

"제가 어렸을 때 아버님께서 바보 온달에게 시집보내신다고 하셨지요? 저는 그 말씀대로 온달과 결혼하겠어요."

새단어

- **순진하다** to be naive, 单纯, 純真だ, ngây thơ
- **놀림을 받다** to be made fun of, 受戏弄, 冷やかされる, bị trêu chọc
- **울보** crybaby, 爱哭鬼, 泣き虫, mít ướt
- **곤란하다** to be tough, 困难, 为难, 困る、混乱する, khó xử
- **삼다** to make, 当作, 〜にする, lấy làm
- **그치다** to stop, 停止, 止まる、やむ, nín
- **받아들이다** to accept, 接受, 受け入れる, đồng ý

그 말을 들은 왕은 하늘이 무너지는 것 같았다. 너무 사랑스러운 딸의 말이 믿어지지 않았다.

"그건 네가 하도 울어서 울음을 그치게 하려고 한 말에 불과하다. 어떻게 너를 바보에게 시집보낼 수 있겠니?"

왕은 공주를 설득하려고 노력했으나 공주는 듣지 않았다.

"한 나라의 왕께서 거짓 약속을 하시면 안 되죠. 저는 아버님의 말씀대로 하겠어요. 오늘 궁을 떠나겠습니다."

왕은 *평강공주*의 말에 불 같이 화를 냈지만 소용이 없었다.

"좋다. 그럼 이제 다시는 이곳으로 돌아와서는 안 된다. 너는 이제 더 이상 내가 사랑하는 딸이 아니다."

3 *평강공주*는 울면서 궁을 떠났다. 그리고 온달이 살고 있는 마을을 찾아 헤매고 또 헤맸다. 그러다 온달이 살고 있다는 마을을 겨우 찾아왔다.

온달의 집을 찾아 문을 두드렸다. 그곳에 온달은 없고 앞을 못 보는 할머니 한 분만 계셨다.

할머니는 앞을 볼 수 없었기에 더듬더듬 *평강공주*의 손을 찾아 잡아 본 후 이렇게 말했다.

☑ **더듬더듬**

무언가 찾으려고
헤매는 모양

새단어

• **설득하다** to convince, 说服, 説得する, thuyết phục   • **곱다** to be nice, 漂亮, 綺麗だ、美しい, đẹp
• **겨우** barely, 好不容易, ようやく, một cách khó khăn

"온달은 지금 집에 없는데…. 그런데 이렇게 고운 아가씨가 왜 여기까지 온 거예요?"

그때 마침 나무를 하고 온 온달을 만나게 되었다.

"저는 온달님과 결혼하고 싶어서 왔어요. 저와 결혼해 주세요."

"저 같은 사람과 결혼을 하자니요. 믿을 수 없네요. 아가씨는 여기서 살 사람이 아닌 것 같으니 돌아가세요."

온달은 자신과 결혼하러 왔다는 *평강공주*의 말을 믿을 수 없었다. 온달은 거절했으나 *평강공주*는 온달을 설득했고 결국 온달과 결혼하게 되었다.

4 온달은 아름답고 지혜로운 *평강공주*를 무척 사랑했다. 그리고 *평강공주*에게 어울리는 사람이 되기 위해 노력했다.

지혜로운 *평강공주*는 온달이 사람들의 놀림을 받지 않게 하고 싶었다. *평강공주*는 궁에서 가져온 금반지와 금 목걸이를 팔아서 집을 위해 사용했다. 그 돈으로 말을 사고 온달을 교육시켰다. 글공부뿐만 아니라 말 타는 법, 검술, 사냥하는 법까지 자신이 궁에서 배운 것을 모두 온달에게 가르쳤다. 모르는 것이 있으면 같이 공부했다. 온달은 *평강공주*의 뜻을 무시하지 않고 *평강공주*가 하자는 대로 성실하게 훈련했다. 온달의 실력은 하루가 다르게 늘었고 훈련을 게을리하지 않았다.

새단어

- **두드리다** to knock, 敲, 叩く, gõ
- **나무를 하다** to chop wood, 砍柴, 芝を刈る, chặt cây đốn củi
- **검술** swordsmanship, 剑术, 剣術, kiếm thuật
- **사냥** hunting, 打猎, 狩り, săn bắn
- **게을리하다** to neglect, 松懈, 怠る, sao nhãng
- **무시하다** to ignore, 无视, 無視する, coi thường

5 고구려에서는 매년 3월 3일에 사냥 대회를 열었고 그 대회에서 1등을 하는 사람을 뽑아 상을 주었다. 평강공주는 자신의 아버지가 그 대회에 매년 참석한다는 것을 알고 있었기에 온달에게 그 대회에 참가하라고 했다.

고구려 시대는 실력이 좋으면 높은 자리에 오를 수 있었다. 그래서 많은 청년들은 그 대회에 참가했다.

6 드디어 사냥 대회 날이 되었다.

"그동안 연습을 열심히 했으니까 분명히 좋은 결과가 있을 거예요. 그동안 바보라고 놀림 받던 온달님이 아니라는 걸 보여 주세요. 최선을 다해 주세요."

*평강공주*는 온달에게 이렇게 말하며 끝까지 온달을 응원했다.

온달은 그 대회에 참가했고 연습한 대로 최선을 다해서 결국 1등을 차지했다.

왕은 1등을 한 온달을 불러 이름을 물었고 그 이름을 듣고 무척 놀랐다.

"온달이라고? 그럼 우리 *평강공주*는…."

왕은 너무 놀라 말을 잇지 못했다.

그동안 *평강공주*와 온달의 생활에 대해 이야기를 들은 *평원왕*은 매우 기뻐했다. 그리고 바보라고 놀림 받던 온달을 이렇게 만든 *평강공주*를 자랑스러워했다.

7 그렇게 *평강공주*와 *평원왕*은 다시 만나게 되었고 사냥 대회에서 1등을 한 온달은 장군이 되어 고구려를 위해 열심히 싸웠다.

그는 가는 곳마다 승리를 했고 많은 사람에게 존경받는 장군이 되었다.

새단어

- **응원하다** to cheer on, 助威, 応援する, cổ vũ
- **분명히** obviously, 一定, 確かに, một cách rõ ràng
- **차지하다** to have, 夺得, 取る、占める, chiếm
- **무척** exceedingly, 非常, とても, vô cùng
- **자랑스럽다** to be proud of, 自豪, 誇らしい, đáng tự hào
- **승리하다** to prevail, win, 取得胜利, 勝利する, thắng
- **장군** military general, 将军, 将軍, tướng quân

8 온달은 그렇게 나라를 위해 싸우다가 죽고 말았다. 죽은 후 장례를 치르려 했는데 그의 관이 움직이지 않았다. 사람들이 아무리 들려고 해도 움직이지 않아서 모두 이상하게 여겼다. 그때 그의 소식을 들은 *평강공주*가 와서 관을 만지자 그제야 관이 움직여서 장례를 치를 수 있었다. *평강공주*를 향한 온달의 깊은 사랑에 많은 사람들이 감동하여 눈물을 흘렸다.

새단어

- **장례를 치르다** to hold a funeral, 举行葬礼, 葬式を行う, tổ chức tang lễ
- **관** a coffin, 棺材, 棺桶, quan tài

- **그제야** only when, not until, 才, やっと, ようやく, phải đến khi ấy
- **여기다** to consider, 认为, 思う, cho rằng

이야기 속 구경하기

01 단어 이해하기

1 〈보기〉에서 알맞은 단어를 골라 문장을 완성하십시오.

보기	뚝	으앙	툭하면	더듬더듬

1) 유라와 윤오는 _____ 싸운다.

2) 아기가 배가 고파서 _____ 하고 울고 있다.

3) 아이가 너무 울어서 _____ 그치라고 화를 내고 말았다.

4) 정전 때문에 앞이 안 보여서 _____ 휴대 전화를 찾아서 친구한테 전화했다.

02 내용 이해하기

1 다음의 내용이 맞으면 O, 틀리면 X 하십시오.

1) 평강공주는 어렸을 때 자주 우는 아이였다. （　　　）

2) 평원왕은 평강공주와 온달을 꼭 결혼하게 하고 싶어 했다. （　　　）

3) 부모님의 반대에도 불구하고 평강공주는 집을 떠났다. （　　　）

4) 온달은 열심히 노력해서 평강공주가 원하는 사람이 되었다. （　　　）

5) 온달은 고구려 최고의 장군이 되었다. （　　　）

2 이 글의 주제로 가장 알맞은 것을 고르십시오.

① 행복 　　　　　② 사랑

③ 효도 　　　　　④ 평화

1 평강공주는 공주의 신분을 버리고 평범한 남자와 결혼을 하고 그 남자가 성공하는 데 큰 영향을 줍니다.
여러분이 평강공주라면 어떤 선택을 하겠습니까? 이야기해 보세요.

나의 선택	
그렇게 생각한 이유	

2 사랑을 할 때 필요한 조건은 무엇이라고 생각합니까? 메모하고 이야기해 본 후 글로 써 보세요.

사랑의 조건	
그것이 꼭 필요한 이유	

★ 이야기에 나온 표현들을 공부해 봅시다.

동 -아/어 대다

동사 뒤에 붙어서 어떤 행동을 반복할 때 사용합니다.

반복하는 행동의 정도가 심하다는 의미가 있습니다.

예 영화관에서 영화를 보는데 옆 사람이 계속 **떠들어 대서** 짜증이 났어요.

그 사람은 항상 거짓말을 **해 대서** 믿을 수 없는 사람이에요.

연습 ※ 다음 문장을 완성하세요.

1) 옆집에 무슨 일이 있나 봐요. 옆집 아기가 계속 _____.
　　　　　　　　　　　　　　　　　　　　　　　　　　　(울다)

2) 룸메이트가 계속 코를 _____-아서/어서 잠을 못 잤어요.
　　　　　　　　　　　　　　　(골다)

3) 친구들이 '개구리'라고 _____-아서/어서 너무 속상해요.
　　　　　　　　　　　　　　　　(놀리다)

명 에 불과하다

어떤 수준 정도 밖에 안 된다는 의미가 있습니다.

숫자를 나타내는 명사와 함께 쓰면 그 수가 생각보다 적다는 의미가 있습니다.

예 나이는 **숫자에 불과하다**.

모든 것은 인생의 한 **과정에 불과해요**.

매일 아침을 먹는다는 사람은 전체의 **10%에 불과했다**.

연습 ※ 다음 문장을 완성하세요.

1) 우리 학교의 학생은 _____.
　　　　　　　　　　　　　　　(30명)

2) 그 일은 _____. 앞으로 더 많은 일이 있을 것이다.
　　　　　　　　　　(시작)

3) 제가 배우로 유명하지만 집에서는 저도 _____.
　　　　　　　　　　　　　　　　　　　　　　(평범한 엄마)

동형 –(으)나

앞과 뒤의 내용이 서로 다르거나 반대임을 의미합니다. 주로 글에서 사용합니다.

> 예 나는 열심히 **공부했으나** 점수가 좋지 않았다.
> 친구가 멀리 떠나서 매우 **슬펐으나** 나는 울지 않았다.

연습 ※ 다음 문장을 완성하세요.

1) 그 사람은 열심히 노력했다 + 실패하고 말았다

▶ _____

2) 이 구두는 값은 저렴하다 + 품질이 좋다

▶ _____

3) 이 도시는 교통이 복잡하다 + 편리하다

▶ _____

동형 –기에

뒤에 오는 말의 이유나 원인을 나타냅니다. 주로 글에서 사용합니다.

> 예 아침에 날씨가 안 **좋기에** 우산을 가지고 나갔다.
> 사람들의 생각이 모두 같을 수 **없기에** 싸움이 일어난다.

연습 ※ 다음 문장을 완성하세요.

1) 그 사람과 헤어질까 봐 무서웠다 + 거짓말을 하고 말았다

▶ _____

2) 윤오는 항상 성적이 좋다 + 선생님께 칭찬을 많이 받다

▶ _____

3) 친구들이 모두 바쁘다 + 약속 시간을 정하기 어렵다

▶ _____

이야기 속 한국어 사전

일취월장(日就月將)

날마다 실력이 좋아져서 발전한다는 뜻입니다.

> 예 가: 매일 연습하더니 한국어 실력이 **일취월장**했네요.
> 나: 고마워요. 매일 열심히 연습했어요.

현모양처(賢母良妻)

지혜로운 어머니, 착한 아내라는 뜻입니다.

> 예 옛날에는 집안일을 잘하는 사람을 **현모양처**라고 생각했다. 그러나 시대가 바뀌
> 면서 **현모양처**에 대한 인식도 달라지고 있다.

이야기 밖으로 나오기

　온달 이야기는 역사적으로 실제 있었던 인물에 대한 이야기로 드라마로도 만들어진 이야기다.

　서울 아차산에 가면 온달과 평강공주의 동상을 볼 수 있고 충청북도 단양에는 온달 산성, 온달 동굴을 비롯한 온달 관광지가 만들어져 있어 인기를 끌고 있다. 또한 가을에는 '온달 문화 축제'를 열어 다양한 행사를 하기도 한다.

　온달과 평강공주는 하늘이 만나게 해 준 '천생연분(天生緣分)'일 것이다. 그 둘의 사랑에 대한 이야기는 지금까지 오랫동안 사랑을 받고 있다.

〈온달과 평강공주의 동상〉

〈온달 동굴〉

〈온달 문화 축제〉

Story

4

바보 이반
Ivan the Fool
Skazka ob Ivane-durake

문 열기

01 돈이 많다면 무엇을 하고 싶습니까?

02 한국의 옛날이야기에는 '동물'이나 '도깨비'가 많이 나옵니다. 여러분 나라의 옛날이야기에는 누가 자주 나옵니까?

1 옛날 어느 마을에 *이반*이라는 청년이 살고 있었다. 그는 매우 착하고 성실한 청년이었는데 항상 싱글벙글 웃기만 해서 사람들은 '바보 이반'이라고 불렀다.

그에게는 늙으신 아버지와 어머니, 그리고 두 명의 형과 여동생이 있었다. 큰형은 군인이었고 작은형은 장사를 하는 사람이었다. 여동생은 장애가 있었는데 말을 할 수 없었다. *이반*은 늘 그 여동생을 돌보며 아버지를 도와서 소처럼 일했다.

*이반*의 아버지는 부유한 편이었는데 아들들이 자라서 어른이 되자 자신의 재산을 나누어 주기로 했다. 아버지는 재산을 공평하게 1/3로 나누어 아들들에게 주었다. 큰아들과 둘째 아들은 집을 떠나 독립하게 되었다. 큰아들은 부잣집 딸과 결혼하였고 둘째 아들은 상인의 딸과 결혼하였다. 그런데 큰아들의 부인은 과소비가 심해 돈을 펑펑 쓴 탓에 가지고 있던 돈을 거의 써 버렸고, 둘째 아들은 욕심이 많아서 돈이 더 많았으면 좋겠다고 항상 생각했다.

펑펑 ☑

돈이나 물을 아끼지 않고 함부로 쓰는 모양

새단어

- **장애** disability, 障碍, 残疾, 障害, khuyết tật
- **돌보다** to take care of, 照顾, 世話をする, chăm nom
- **부유하다** to be wealthy, 富裕, 富裕だ, giàu có
- **재산** wealth, 财产, 財産, tài sản
- **공평하다** to be fair, 公平, 公平だ, công bằng

- **독립하다** to be independent, 独立, 独立する, độc lập
- **과소비** overspending, 过度消费, 過度な消費, tiêu xài quá mức

2 그러던 어느 날, 큰아들과 둘째 아들은 아버지를 찾아와 *이반*과 여동생의 재산을 자신들에게 더 달라고 하였다. *이반*은 바보라서 재산이 필요 없을 것이고, 여동생 역시 장애가 있으니 많은 돈이 필요 없을 거라고 했다. 아버지는 남은 재산은 *이반*의 것이니 줄 수 없다고 했지만 두 아들은 계속 달라고 했다. 이에 *이반*은 웃으며 자신의 몫을 각각 반씩 나누어 형들에게 주었다.

"저는 열심히 농사를 짓고 있으니까 돈은 따로 필요 없어요."

*이반*은 부모님과 여동생을 보살피며 살아갔다.

3 보통 사람은 누구나 돈에 욕심이 있기 마련이어서 재산 때문에 자식들 사이에 싸움이 나기 일쑤이다. 그러나 싸움이 나기는커녕 오히려 자신의 것도 나누어 주는 *이반*의 모습은 사람들의 입에 오르내렸다.

이 모습을 지켜보던 지하의 악마는 화가 나서 견딜 수 없었다. 그래서 세 악마를 시켜 *이반* 형제의 우애를 깨뜨리고, *이반*의 가족을 망하게 만들기로 결심했다. 세 악마를 부른 후 이렇게 말했다.

"*이반*은 정말 바보 같은 사람이다. 자신의 재산을 형들에게 그냥 주다니! 가서 *이반*의 가족이 서로 싸우게 만들고 망하게 만들도록 해."

세 악마는 삼 형제를 각각 맡아 망하게 할 계획을 세웠다.

> ☑ **입에 오르내리다**
>
> 다른 사람들의 이야깃거리가 된다는 의미

새단어

- **몫** portion, 份, 分け前, phần
- **살아가다** to make a living, 生活, 生きていく, sống
- **욕심** greed, 欲望, 欲, tham lam
- **악마** devil, 恶魔, 悪魔, ác quỷ
- **우애** sibling love, 友爱, 友情, tình cảm
- **깨뜨리다** to break, 打破, 壊す, phá vỡ
- **망하다** to fail, 完蛋, 滅びる、つぶれる, suy thoái

들어가기

4 *이반*의 큰형은 돈보다 권력에 욕심이 많은 사람이었다. 그리고 그는 평범한 군인이 아닌 한 나라의 왕이 되고 싶은 욕심이 있었다. 큰형은 많은 전쟁을 통해 결국 그 나라의 왕이 되었다. 하지만 큰형은 자신의 나라를 더 크게 만들고 싶어 했다. 악마는 큰형의 그런 욕심을 알고 있었다.

"저쪽에 있는 나라와 전쟁을 하면 이길 수 있을 것입니다. 그렇게 되면 그 나라도 가질 수 있게 되겠지요."

악마는 전쟁을 하면 승리할 수 있을 거라고 큰형을 유혹했다. 큰형은 그 유혹에 넘어가 전쟁을 일으켰지만 결국 지고 말았다.

둘째를 맡은 악마는 그에게 사업을 더 크게 하라고 유혹했다. 둘째는 돈에 욕심이 많은 사람이라서 그 말대로 했으나 무리하게 사업을 한 결과 결국 망하고 말았다.

이렇게 큰형과 작은형을 맡은 악마들은 모두 성공했으나 *이반*을 맡은 악마는 사정이 달랐다. *이반*은 악마의 유혹에 넘어가지 않았고 열심히 일만 했다. 악마는 *이반*이 일을 못하게 하려고 여러 가지 방법을 써 봤다. 하지만 *이반*이 마실 물에 물 대신 술을 넣어도 소용없었고 밭을 딱딱하게 만들어 농사짓기 힘들게 해도 소용이 없었다. *이반*은 땅이 딱딱해지자 오히려 더 열심히 일을 했다. *이반*을 맡은 악마는 *이반*을 망하게 만들지 못했다. 이렇게 실패하자 다른 악마들이 *이반*을 맡았던 악마를 도와주기로 했다.

새단어

- **권력** power, 权利, 権力, quyền lực
- **유혹하다** to lure, 诱惑, 誘惑する, cám dỗ
- **전쟁** war, 战争, 戦争, chiến tranh
- **일으키다** to cause, 挑起, 引き起こす, gây nên

- **무리하다** to overdo, 过度, 無理だ, quá sức
- **딱딱하다** to be firm, 硬, かたい, cứng
- **오히려** instead, 反而, むしろ, ngược lại
- **낫질** a scythe, (用镰刀)割, 鎌仕事, gặt

5 악마들은 각자 *이반*을 망하게 하려고 여러 방법을 썼다. 첫 번째 악마는 *이반*이 일하는 밭에 숨어서 *이반*이 농사를 짓는 것을 방해하려고 했다. 하지만 *이반*에게 잡혔다. *이반*은 그 악마를 없애려 했는데 악마가 용서해 달라고 하도 빌어서 살려 주기로 했다. 그리고 *이반*은 악마에게서 무슨 병이든지 치료할 수 있는 나무뿌리를 세 개 받았다. 약속대로 *이반*은 첫 번째 악마를 놓아 주었고, 악마는 다시 나타나지 않기로 약속했다.

6 두 번째 악마는 *이반*이 낫질을 못하게 하려 했는데 오히려 *이반*의 낫에 꼬리가 잘리고 역시 *이반*에게 잡히고 말았다. *이반*은 왜 다시 왔느냐면서 혼내려고 했는데 두 번째 악마는 살려 주면 풀로 군대를 만들 수 있는 방법을 알려 주겠다고 했다.

"저를 살려 주시면 군대를 만들 수 있게 해 드릴게요."

*이반*은 군인이 노래를 부르는 사람들이라고 생각하여 악마의 말대로 하고 악마를 풀어 주었다.

두 번째 악마도 첫 번째 악마처럼 도망을 가 버렸다. 세 번째 악마도 마찬가지였다. *이반*을 괴롭히려다가 결국 *이반*에게 잡히고 말았고 돈이 많이 생기는 방법을 알려 주었다.

7 세 번째 악마 덕분에 *이반*은 부자가 되었다. 그리고 마을 사람들을 모두 초대해서 잔치를 하였다. 군대를 만들어 노래를 부르게 하였고 잔치에 온 사람들에게 돈을 나누어 주었다.

*이반*은 형들도 잔치에 초대했지만 형들은 바보의 잔치에 가지 않겠다고 했다. 그러나 *이반*이 사람들에게 돈을 주었다는 이야기를 듣고 당장 집으로 달려왔다. 그리고 큰형은 엄청난 수의 군사를 데리고 갔고 작은형은 돈을 잔뜩 가지고 떠났다. *이반* 덕분에 큰형은 더 큰 나라의 왕이 될 수 있었고 작은형 역시 상인으로 더 성공할 수 있었다.

*이반*은 부자가 되었지만 계속 열심히 일하면서 살았다.

8 그러던 어느 날, 다른 나라의 공주가 알 수 없는 병에 걸려 시름시름 앓고 있었다. *이반*은 공주를 찾아가 무슨 병이든지 낫게 하는 '나무뿌리' 를 주어 공주가 낫게 하려고 길을 떠났다. 그런데 가는 길에 손이 아픈 여자가 *이반*에게 와서 자기를 고쳐 달라고 부탁했고 *이반*은 남은 나무뿌리를 그 여자에게 주어 그 여자를 치료했다. *이반*은 나무뿌리가 없었지만 공주의 얼굴이라도 보고 싶다는 생각에 무작정 공주를 찾아갔다. 그런데 *이반*이 궁으로 들어서자 신기하게 공주의 병이 씻은 듯이 다 나았다. 왕은 기뻐하며 *이반*을 공주와 결혼하게 하였다.

새단어

• **잔뜩** fully, 好多, どっさり、ぎっしり, nhiều
• **나무뿌리** a tree root, 树根, 木の根, rễ cây

• **무작정** thoughtlessly, 盲目, 无计划地, やみくもに, không tính toán

9 세월이 지나 *이반*은 그 나라의 왕이 되었다. 하지만 *이반*은 농사밖에 모르는 바보였기에 왕이 된 후에도 열심히 농사만 지었다. 왕의 멋진 옷 대신 평범하고 일하기 편한 옷으로 갈아입고 매일매일 열심히 일했다. *이반*의 부인인 공주도 *이반*의 뜻을 따라 농사를 지으면서 살았다. *이반*의 나라에 살던 사람들은 바보처럼 부지런하게 일만 하는 사람들만 남게 되었다.

10 한편 세 악마들 중의 가장 큰 악마는 세 악마의 실패에 크게 분노했다. 큰 악마는 자신이 직접 *이반*의 가족을 망하게 만들기로 결심했다. 큰 악마의 계획대로 *이반*의 큰형과 작은형은 또 다시 망하게 되었다. 하지만 역시 *이반*은 어려운 상대였다. 큰 악마는 사람들을 이렇게 유혹했다.

"머리를 쓰면 힘들게 일하지 않아도 돼요. 내 말대로 하면 많은 돈을 드릴게요."

하지만 *이반*의 나라 사람들은 아무도 돈에 욕심을 내지 않았다. 이미 돈은 충분히 있었고 열심히 일하는 게 행복했기 때문이다.

자신의 말을 듣지 않자 큰 악마는 너무너무 화가 나서 높은 탑에 올라가 며칠 동안 계속 소리를 질렀다. 그러다가 그만 지쳐서 땅에 떨어져 죽고 말았다.

새단어

- **세월** time, 岁月, 歳月, thời gian
- **부지런하다** to be hard working, 勤奋, 勤勉だ, chăm chỉ
- **분노하다** to be enraged, 愤怒, 怒る, tức giận
- **충분히** sufficiently, 充分, 十分に, đầy đủ
- **소리를 지르다** to shout, 喊叫, 声を張り上げる, la hét

"쯧쯧. 저 악마는 이제 머리를 쓰네요."

사람들은 악마를 보며 이렇게 말했다.

이웃 나라 사람들이 *이반*의 나라로 몰려왔다. *이반*은 이웃 나라 사람들과 두 형도 모두 받아들였다. *이반*의 나라 사람들은 모두 자유롭고 행복하게 살았다. 그리고 일하지 않는 사람은 먹을 수 없다는 법은 철저히 지키면서 살았다.

☑ **쯧쯧**

불쌍하다고 생각하거나 마음에 들지 않아서 혀를 차는 소리

새단어

• **몰려오다** to flock to, 涌来, 押しかけてくる, dồn dập đến

• **받아들이다** to accept, 接受, 受け入れる, chấp nhận

• **철저히** thoroughly, 彻底, 徹底的に, triệt để

01 단어 이해하기

1 〈보기〉에서 알맞은 단어를 골라 문장을 완성하십시오.

보기	펑펑	쯧쯧	과소비	무작정	입에 오르내리다

1) 제 동생은 항상 돈을 _____ 써서 엄마한테 혼나요.

2) 좋아하는 가수를 만나고 싶어서 계획도 없이 _____ 방송국으로 갔어요.

3) 길을 가다가 넘어졌는데 친구들이 '_____'만 하고 도와주지 않았어요.

4) 계속 _____하면 돈이 필요할 때 쓸 수 없어서 후회하게 될 거예요.

5) 그 가수는 영화배우 B 씨와 열애로 사람들의 _____.

02 내용 이해하기

1 다음의 내용이 맞으면 O, 틀리면 X 하십시오.

1) 이반에게는 형만 두 명 있었다. ( )

2) 첫 번째 악마는 이반의 형을 유혹해서 부자가 되게 하였다. ( )

3) 두 번째 악마는 이반을 유혹하는 데 성공해서 나무뿌리를 얻었다. ( )

4) 세 번째 악마는 이반에게 돈이 생기는 방법을 알려 주고 도망갔다. ( )

5) 이반은 왕이 된 이후에도 농사를 열심히 지었다. ( )

2 이 글의 주제를 바르게 이해한 사람은 누구인지 고르십시오.

① 윤서: 악마의 유혹에 넘어가지 않도록 매일 준비해야겠어.

② 미현: 재산을 공평하게 나누어 가지는 것이 중요한 것 같아.

③ 서준: 손을 다친 여자를 도와주는 이반의 희생이 잘 나타나 있어.

④ 윤오: 무슨 일이든 성실하게 하는 것이 중요하다는 걸 알게 되었어.

이야기 돌아보기

1 이반은 망하고 돌아온 형들을 무조건 도와줍니다. 여러분이 이반이라면 망하고 돌아온 형들을 어떻게 했을지 생각해 보세요.

자신의 의견	
그렇게 생각한 이유	

2 이반의 나라에는 '일하지 않으면 먹을 수 없다'는 규칙이 있습니다. 여러분이 한 나라의 왕이라면 꼭 지켜야 하는 규칙은 무엇이 있을까요? 그 규칙을 생각해 보고 이야기해 봅시다.

꼭 필요한 규칙	
그렇게 생각한 이유	

3 이 이야기에서 이반은 '바보'로 나옵니다. 과연 이반은 '바보'일까요? 그렇지 않을까요? 그 이유와 함께 자신의 의견을 말해 본 후 글로 써 봅시다.

자신의 의견	
그렇게 생각한 이유	

이야기로 공부하기

★ 이야기에 나온 표현들을 공부해 봅시다.

동형 -(으)ㄴ/는 탓에

어떤 부정적인 결과가 생긴 원인, 이유를 나타냅니다.

> 예 저는 성격이 **급한 탓에** 실수를 자주 해요.
> 길이 **막히는 탓에** 약속 시간에 늦고 말았다.

연습 ※ 다음 문장을 완성하세요.

1) 아르바이트 경험이 없다 + 실수를 했다 ▶ _____

2) 갑자기 비가 오다 + 옷이 모두 젖어 버렸다 ▶ _____

3) 너무 긴장하다 + 시험에서 떨어졌다 ▶ _____

동형 -기 일쑤이다

앞의 내용이 매우 자주 있음을 나타냅니다.
주로 부정적인 상황에 사용합니다.

> 예 저는 혼자 살기 때문에 아침밥을 **못 먹기 일쑤예요.**
> 두 사람은 만나면 **싸우기 일쑤였다.**

연습 ※ 다음 대화를 완성하세요.

1) 밤에 항상 늦게 자서 아침에 _____.
(늦게 일어나다)

2) 회사 일이 바빠서 _____.
(밤을 새우다)

3) 성격이 급해서 항상 서두르다 보니 _____.
(넘어지다)

동 –(으)려다가

어떤 행동을 하려고 계획했는데 하지 않고 다른 행동을 하게 될 때 사용합니다.

'–(으)려다가' 앞과 뒤에는 같은 사람이 주어가 됩니다.

> 예 숙제를 **하려다가** 갑자기 할 일이 생각나서 못했어요.
>
> 아이스크림을 혼자 **먹으려다가** 동생이 생각나서 같이 먹자고 했어요.

연습

※ 다음 문장을 완성하세요.

1) 친구한테 전화하다 + 문자메시지를 보내다 ▶ _____

2) 책을 사다 + 비싸서 도서관에서 빌리다 ▶ _____

3) 비빔밥을 만들다 + 떡볶이를 만들다 ▶ _____

동형 –(으)ㄴ/는/(으)ㄹ 듯이

앞의 내용과 비슷하거나 같은 정도임을 나타냅니다.

> 예 내 동생은 합격 소식을 듣고 **뛸 듯이** 기뻐했어요.
>
> 그 친구는 모르는 것도 **아는 듯이** 말해서 믿을 수 없어요.

연습

※ 다음 대화를 완성하세요.

1) 오늘은 _____ 기분이 좋다.
　　　　　　　　　　　(하늘은 날다)

2) 어제 감기가 너무 심해서 _____ 아팠다.
　　　　　　　　　　　　　　　　(죽다)

3) 그 집은 _____ 아름답다.
　　　　　　　(그림으로 그리다)

무쇠도 갈면 바늘 된다.

꾸준히 노력하면 어려운 일도 이룰 수 있다는 뜻입니다.

> 예 가: 한국어 공부가 어려워서 포기하고 싶어요.
> 나: 힘내세요. **무쇠도 갈면 바늘 된다**는 말도 있잖아요. 열심히 노력하면 잘하게 될 거예요.

백미(白眉)

여럿 중에서 가장 뛰어난 사람이나 물건을 뜻합니다.

> 예 가: 이번 여행의 백미는 무엇이죠?
> 나: 맛있는 음식이 이번 여행의 **백미**일 것 같은데요.

이야기 밖으로 나오기

이 이야기는 러시아의 옛날이야기를 '톨스토이'라는 러시아의 작가가 쓴 것으로 한국에서도 사랑 받고 있는 동화다.

톨스토이(Лев Николаевич Толстой)는 러시아에서뿐만 아니라 전 세계적으로 사랑 받고 있는 작가인데 러시아에는 그를 기념하는 박물관이 있다.

'바보 이반' 이야기는 성실하게 살아가는 삶이 중요하다는 것을 강조한 톨스토이의 생각이 잘 담겨 있는 이야기다. 빠르게 변화하는 세상에 빨리 반응하며 살아가는 것도 중요하겠지만 자신이 하는 일에 최선을 다하며 성실하게 살아가는 것 역시 중요할 것이다. 그렇게 성실한 사람들이 있었기에 지금이 있을 수 있는 것이다.

러시아에 가면 톨스토이 박물관에 가서 그의 정신을 느껴 보는 것도 좋을 것이다.

〈톨스토이〉

〈톨스토이 박물관〉

구두쇠 스크루지
The Christmas Carol

한 걸음 ## 문 열기

01 여러분 나라에서 크리스마스는 어떤 의미가 있습니까? 이야기해 보십시오.

02 여러분은 기부를 해 본적이 있습니까? 무엇을 기부했습니까?

두 걸음 # 들어가기

1 일 년 중에서 가장 즐거운 크리스마스 하루 전 날이었다. 거리의 밝은 분위기와 다르게 구두쇠 스크루지는 불도 안 켠 채 추운 사무실에서 직원 보브와 함께 일을 하고 있었다. 조카가 찾아와 스크루지에게 크리스마스 인사를 하면서 저녁 식사에 초대했지만 스크루지는 콧방귀만 뀌었다. 불쌍한 사람들을 위한 기부금을 요청하는 사람들에게도 "크리스마스 같은 것은 아무 의미가 없습니다."라고 하면서 그대로 돌려보냈다. 보브가 크리스마스를 가족과 보내기 위해 일찍 퇴근을 하려고 하자 크게 야단을 쳤다. 크리스마스와 아무 상관이 없는 스크루지는 평소처럼 늦게까지 일을 하고 집으로 돌아갔다.

> **콧방귀를 뀌다** ☑
>
> 다른 사람의 말이나 행동을 무시함

2 스크루지는 동업자이자 오랜 친구인 말레와 같이 살다가 말레가 죽은 후에도 계속 그 집에서 살았다. 혼자 저녁을 먹은 후 잠자리에 들려고 하는데 갑자기 온 집안의 종이 크게 울리기 시작했다. 얼마 뒤 종소리가 멎으면서 쇠줄을 온 몸에 감은 말레의 유령이 스크루지 앞에 나타났다. 스크루지는 말레의 유령을 보고 크게 놀라 물었다.

"왜 그렇게 무거운 쇠줄로 몸을 감고 있어?"

"내가 살아 있을 때 지은 죄가 이 무거운 쇠줄이야. 오늘 밤 여기에 온 것은, 너에게는 아직 기회와 희망이 있다는 것을 알려 주기 위해서야."

새단어

- **구두쇠** a miser, 吝啬鬼, ケチな人, cá gỗ
- **조카** nephew or niece, 外甥, 甥, cháu
- **기부금** monetary donation, 捐款, 寄付金, tiền ủng hộ
- **요청하다** to request, 请求, 要請する, yêu cầu
- **동업자** business partner, 合伙人, 同業者, đồng nghiệp
- **멎다** to stop, 停止, 止む、止まる, dừng
- **쇠줄** a wire, 铁丝, 鉄の鎖, dây sắt
- **유령** a ghost, 幽灵, 幽霊, hồn ma

하지만 스크루지는 *말레* 유령의 말을 믿을 수 없어서 빨리 없어지라고 소리쳤다.

"스크루지, 여기에 과거, 현재, 미래의 유령이 찾아올 거야."라고 하면서 *말레* 유령은 사라졌다.

3 밤 1시, 과거의 유령이 나타났다. 유령은 큰 손으로 스크루지의 팔을 잡고 말했다.

"당신의 마음을 고쳐 주기 위해서 왔습니다. 저와 함께 갑시다."

두 사람은 벽을 뚫고 하늘로 날아올라 어느 시골에 도착했다. 스크루지가 사방을 둘러보며 말했다.

"여기는 어릴 때 제가 살던 곳이에요. 눈을 감고도 다닐 수 있어요."

스크루지는 낯익은 사람들을 보자 그들과 즐겁게 지내던 생각에 눈물이 났다. 어린 여동생은 스크루지에게 크리스마스 선물도 주었고 함께 크리스마스 노래를 부르며 동네를 돌아다녔다.

☑ **낯익다**

전에 보거나 만난 적이 있어서 쉽게 알아봄
땐 낯설다

"저 착한 여동생은 아이를 낳은 후에 죽었고 그 아이가 어제 당신을 크리스마스 저녁에 초대한 조카지요?"

"네, 그렇습니다."

스크루지는 어제 조카에게 심한 말을 해서 돌려보낸 것이 생각났다. 자신에게 남은 유일한 가족인 조카를 따뜻하게 대하지 못한 것이 너무 후회스러웠다.

새단어

· **사방** every direction, 四处, 四方, tứ phương
· **유일하다** to be the only, 唯一, 唯一, duy nhất
· **대하다** to treat, 对待, 対応する, đối xử

들어가기

4 과거의 유령은 스크루지가 스무 살 때 일하던 곳으로 그를 데려갔다. 젊은 스크루지는 동료들과 같이 맛있는 크리스마스 케이크를 먹으면서 즐거운 시간을 보내고 있었다. 가게 주인은 돈이 많지 않은데도 직원들에게 월급도 넉넉하게 주었고 해마다 크리스마스에는 특별한 음식과 선물까지 주었다. 그 가게에서 일하는 모든 사람들은 행복해했다. 스크루지는 자신이 받은 것처럼 보브에게 해 주지 않은 것이 무척 부끄러웠다. 다음으로 간 곳은 스크루지의 옛날 약혼녀의 집이었다.

약혼녀는 울면서

"스크루지, 당신은 변했어요. 우리의 사랑보다 돈을 더 중요하게 생각하는 당신과 결혼할 수 없어요. 이제 당신이 선택한 삶을 행복하게 사세요." 라고 말했다.

새단어

• **넉넉하다** to be plenty, 充足, 十分だ, đầy đủ

• **삶** life, 人生, 人生、暮らし, cuộc sống

스크루지는 너무 괴로워서 제발 다른 곳으로 가자고 유령에게 애원했다. 유령이 다음으로 안내한 곳은 어느 집의 거실. 나이 든 부인과 그녀의 가족이 크리스마스 선물을 주고받으면서 행복해하고 있었다. 그 부인을 자세히 보니 바로 약혼녀였다.

"그녀와 헤어지지 않았더라면 지금 나도 가족과 함께 행복했을 텐데."

스크루지는 돈을 <u>모으고자</u> 사랑을 버린 자신의 잘못을 후회했다.

5 다시 종이 울리면서 현재의 유령이 나타났다. 스크루지는 유령의 옷을 잡고 눈 깜짝 할 사이에 보브의 집으로 날아갔다. 집은 매우 낡고 작았다. 하지만 6명의 가족들 모두 밝은 표정으로 크리스마스 음식을 먹고 있었다. 서로 크리스마스 인사를 나누었고 스크루지를 위해서도 기도했다. 쥐꼬리만 한 월급을 주면서 밤늦게까지 일만 시키는 자신을 위해서 기도를 하다니. 스크루지는 믿을 수 없었고 고개를 들 수 없었다.

다음으로 조카의 집으로 갔다. 그 곳에서도 가족들의 유쾌한 웃음소리가 집밖까지 들렸다. 조카는 "크리스마스의 의미도 모르는 아저씨가 너무 불쌍해. 아저씨의 비뚤어진 마음을 고쳐 주고 싶어"라고 말했다. 스크루지는 자신의 잘못된 현재 모습을 볼 수 있었다. 넓은 마음과 사랑 앞에서 자신의 잘못을 반성하며 눈물을 흘렸다.

☑ 눈 깜짝 할 사이
아주 짧은 시간

☑ 쥐꼬리만 하다
매우 적은 것을 비유하는 말

새단어

• **애원하다** to plead, 哀求, 嘆く, van nài
• **거실** living room, 客厅, 居間, phòng khách
• **유쾌하다** to be cheerful, 愉快, 愉快だ, thích thú
• **비뚤어지다** to be crooked, 扭曲, ゆがむ、ひねくれる, ương bướng
• **반성하다** to reflect on oneself, 反省, 反省する, nhận khuyết điểm

☑ 뚜벅뚜벅

구두를 신고 걸을 때 나는 크고 확실한 발자국 소리

6 미래의 유령은 까만 옷을 입고 뚜벅뚜벅 스크루지에게 걸어왔다. 스크루지는 너무 무서웠지만 유령을 따라서 큰 길로 나갔다. 여러 사람들이 모여서 이야기하는 것을 들을 수 있었다.

"어젯밤에 죽었다고요? 가족도 없고 친구도 없는데 그 많은 재산을 누가 가지고 가나요?"

"장례식에 갈 사람도 없을 거예요."

그때까지 스크루지는 누가 죽었는지 알 수 없었다. 그런데 자신의 집에서 물건들을 훔쳐서 허둥지둥 나오는 사람들을 보았고 그들이 하는 말을 듣게 되었다.

허둥지둥 ☑

급하게 서두르는 모양

"불쌍한 구두쇠 스크루지. 돈만 모으면 뭐 해? 죽을 때 가지고 갈 수 없잖아."

스크루지는 너무 놀라서 유령을 붙잡고 소리쳤다.

"저는 다시 태어났습니다. 제 잘못을 모두 반성하고 이제부터 다른 사람들을 사랑하고 제가 가진 것을 나누면서 살겠습니다. 이 교훈을 절대 잊지 않겠습니다."

스크루지는 자신의 운명을 바꾸어 달라고 온 힘을 다해 기도했다.

새단어

• **장례식** a funeral, 葬礼, 葬式, lễ tang
• **교훈** a moral lesson, 教训, 教訓, lời giáo huấn
• **운명** fate, 命运, 運命, vận mệnh

7 이른 아침 스크루지는 종소리를 듣고 잠에서 깼다. 창문으로 달려가 지나가는 아이에게 오늘이 며칠이냐고 물었다. "오늘은 크리스마스예요." 아이의 대답을 듣고 하룻밤 사이에 그렇게 많은 일들이 일어났다는 것이 믿어지지 않았다. 스크루지는 아이에게 돈을 주며 보브 집에 고기와 음식을 사다 주라고 부탁했다. 스크루지는 깨끗한 옷으로 갈아입고 거리로 나갔다. 지나가는 사람들에게 싱글벙글 웃으며 크리스마스 축하 인사를 했다. 모두들 의아한 눈으로 스크루지를 봤다.

　스크루지는 어제 사무실에 와서 기부금을 요청하던 곳에 직접 찾아가 훨씬 많은 돈을 기부했다. 그리고 조카 집에 가서 "즐거운 크리스마스"라고 하면서 조카와 가족들에게 선물을 주었다. 조카는 깜짝 놀라면서 스크루지를 반갑게 맞아 주었다. 그냥 돌아가려는 스크루지에게 조카는 "오신 김에 아침 식사를 하고 가세요."라고 하면서 스크루지를 집 안으로 데리고 들어갔다. 스크루지의 얼굴에서 행복한 미소가 사라지지 않았다.

8 돈이 인생의 가장 중요한 목표였던 스크루지는 과거, 현재 그리고 미래의 자신의 모습을 보면서 잘못을 깨닫고 새로운 사람으로 태어나게 되었다. 그리고 행복은 사람들을 사랑하는 마음에서 저절로 생긴다는 것을 알게 되었다.

새단어

• **의아하다** to be odd, 惊讶, 怪訝、首をかしげる, nghi hoặc   • **저절로** by itself, 自动地, おのずと, tự nhiên

이야기 속 구경하기

01 단어 이해하기

1 〈보기〉에서 알맞은 단어를 골라 문장을 완성하십시오.

보기			
구두쇠	유쾌하다	교훈	반성하다
요청하다	비뚤어지다	허둥지둥	뚜벅뚜벅

1) 새로 이사한 집에 문제가 생겨서 집주인에게 고쳐 달라고 _____.

2) 아침에 늦게 일어나서 _____ 학교로 뛰어갔다.

3) 마음이 _____ 사람은 다른 사람이 좋은 말을 해도 나쁘게 생각한다.

4) 에릭 씨는 항상 _____ 에릭 씨와 같이 있으면 기분이 좋아진다.

5) 잘못한 일을 _____ 같은 잘못을 다시 하지 않도록 해야 한다.

02 내용 이해하기

1 다음의 내용이 맞으면 O, 틀리면 X 하십시오.

1) 스크루지는 친구 말레와 일도 같이 하고 같은 집에서 살았다. ( )

2) 크리스마스 전날 밤에 스크루지와 말레는 3명의 유령을 만났다. ( )

3) 스크루지는 미래의 유령에게 새 사람이 되겠다고 말했다. ( )

4) 스크루지는 자신의 장례식에 아무도 오지 않은 것을 보고 슬퍼했다. ( )

5) 크리스마스 날 아침에 스크루지가 죽은 줄 아무도 몰랐다. ( )

2 이 글의 주제로 알맞은 것을 고르십시오.

① 사람은 누구나 후회를 한다.

② 사람은 누구나 행복할 권리가 있다.

③ 행복은 혼자 열심히 노력해서 만들어야 한다.

④ 행복은 다른 사람을 사랑하는 것에서부터 시작된다.

이야기 돌아보기

1 스크루지는 유령과 함께 자신의 과거, 현재, 미래의 모습을 보며 후회와 반성을 하고 새 사람이
되었습니다. 여러분은 지금 후회하는 일이 있습니까? 후회하는 일에 대해 이야기해 보고 글로
써 보십시오.

후회하는 일	
그 일을 후회하는 이유	
그 때로 돌아갈 수 있다면 하고 싶은 것	

2 여러분은 인생에서 가장 중요한 것이 무엇이라고 생각합니까? 그렇게 생각하는 이유도 이야기
해 보십시오.

인생에서 가장 중요한 것	
그렇게 생각하는 이유	

이야기로 공부하기

★ 이야기에 나온 표현들을 공부해 봅시다.

명 (이)자

두 가지 특징을 동시에 갖는 명사를 표현할 때 씁니다.

> 예 김 사장님은 성공한 **사업가이자** 유명한 화가이다.
>
> 유미 씨는 혼자서 카페를 하고 있어서 **주인이자** 종업원이다.

연습 ※ 다음 대화를 완성하세요.

1) 가: 에릭 씨는 목소리가 커서 좋은데 좀 시끄러울 때도 있어요.

　　나: 맞아요. 큰 목소리가 ＿＿＿＿＿＿＿＿＿＿＿＿이네요.
　　　　　　　　　　　　　　　　(장점/단점)

2) 가: 드라마에 나오는 저 사람은 가수 아니에요?

　　나: ＿＿＿＿＿＿＿＿＿＿＿예요. 요즘은 저렇게 두 가지 일을 잘하는 사람들이 많아요.
　　　　　　(가수/연기자)

3) 가: 저는 동생하고 아주 친해서 뭐든지 같이 해요. 제 동생은 제게 ＿＿＿＿＿＿＿예요.
　　　　　　　　　　　　　　　　　　　　　　　　　　　　　　　　　　(동생/친구)

　　나: 부럽네요. 저는 혼자라서 너무 외로워요.

동 형 -(으)ㄴ/는데도

앞에 나온 상태나 행동에서 기대할 수 있는 것과 다르거나 반대의 사실이 뒤에 올 때 사용합니다.

> 예 집에서 학교까지 **먼데도** 에릭 씨는 지각을 한 번도 안 했어요.
>
> 열심히 운동하고 밥도 조금 **먹는데도** 살이 안 빠져요.

연습 ※ 다음 문장을 완성하세요.

1) 밥을 많이 먹다 + 배가 고프다 ▶ ＿＿＿＿＿＿＿＿＿＿＿＿＿＿＿＿＿

2) 옷을 많이 입었다 + 춥다 ▶ ＿＿＿＿＿＿＿＿＿＿＿＿＿＿＿＿＿＿＿

3) 외국 사람이다 + 한국말을 잘하다 ▶ ＿＿＿＿＿＿＿＿＿＿＿＿＿＿＿＿

동 –고자

동사 뒤에 붙어서 어떤 목적, 희망을 말할 때 사용합니다.

> 예 저는 좋은 선생님이 **되고자** 노력하고 있습니다.
>
> 지금부터 제주도의 관광 산업에 대해 **발표하고자** 합니다.

연습 ※ 다음 문장을 완성하세요.

1) 가: 구매한 물건을 _____ 하는 분들은 영수증을 꼭 가지고 오시기 바랍니다.
   　　　　　　　　　　　　　　(교환하다)

2) 가: 이번 영화의 주제는 무엇입니까?

　　나: 환경 보호의 중요성을 사람들에게 _____ 이 영화를 만들게 되었습니다.
　　　　　　　　　　　　　　　　　　　　　　　　(알리다)

3) 한국 드라마와 노래가 유행하면서 한국어를 _____ 한국에 오는 외국 학생들
　 이 증가하고 있다.　　　　　　　　　　　　(배우다)

동 –(으)ㄴ/는 김에

어떤 행동을 하는 기회에 계획하지 않은 다른 일이나 행동도 함께 할 때 사용합니다.

> 예 주말에 방 청소를 **하는 김에** 옷 정리도 했어요.
>
> 과일을 사러 마트에 **간 김에** 휴지도 사 왔다.

연습 ※ 다음 대화를 완성하세요.

1) 가: 빨래할 거 있어? 내 것 _____ 네 것도 같이 해 줄게.
　　　　　　　　　　　　　　　(빨래하다)

　　나: 고마워. 다음에는 내가 해 줄게.

2) 가: 고향에서 친구가 와서 같이 경복궁에 가려고 해요.

　　나: 그래요? 그럼 경복궁에 _____ 광화문 광장에도 가 보세요. 구
　　　　　　　　　　　　　　　　　(가다)
　　　경할 것이 많아요.

3) 가: 엄마, 친구 만나러 갔다 올게요.

　　나: 그래. _____ 저녁도 먹고 와.
　　　　　　　　(나가다)

이야기 속 한국어 사전

뿌린 대로 거둔다.

모든 일은 원인에 따라서 거기에 맞는 결과가 생긴다는 뜻입니다.

> 예 가: 언니, 나도 언니처럼 공부를 잘하고 싶어. 어떻게 공부해야 돼?
>
> 나: **뿌린 대로 거둔다**고 좋은 씨를 뿌려야 좋은 결과가 나오지. 그렇게 매일 게임만 하면 어떻게 좋은 성적이 나올 수 없어.

개과천선(改過遷善)

지난 잘못을 반성하고 착한 사람이 되었다는 뜻입니다.

> 예 가: '구두쇠 스크루지' 이야기를 알아요?
>
> 나: 그럼요. 돈만 알고 인색하던 스크루지가 **개과천선**해서 다른 사람을 돕는 착한 사람이 되었다는 이야기잖아요.

이 이야기는 영국의 작가 찰스 디킨스(Charles Dickens)가 쓴 〈크리스마스 캐롤(The Christmas Carol)〉을 요약한 것이다. 작가는 돈을 모을 줄만 알고 나눌 줄 모르는 어리석은 부자들에게 진정한 행복의 의미를 깨닫게 하고자 〈크리스마스 캐롤〉을 썼다고 한다. 이야기의 배경이 되는 크리스마스는 아기 예수가 태어난 것을 축하하며 모두 함께 사랑과 기쁨을 나누는 날이다. 작가는 크리스마스의 의미를 강조하기 위해 크리스마스날 아침에 스크루지를 새 사람으로 다시 태어나게 했다.

〈크리스마스 캐롤〉은 발표된 지 170년이 지난 지금도 전 세계에서 연극, 영화, 뮤지컬 등으로 만들어질 만큼 인기가 많다. 그 이유는 무엇일까? 시간이 지나도 어느 사회에나 스크루지 같은 불쌍한 부자들이 있기 마련이다. 그런 사람들에게 진정한 행복은 나눔을 통해서 얻을 수 있다는 것을 〈크리스마스 캐롤〉이 보여 주기 때문일 것이다. 또한 과거, 현재, 미래의 유령을 만나서 개과천선하는 스크루지의 변화를 보면서 자신의 지난 과거를 반성하는 기회가 될 수 있기 때문이 아닐까 생각한다. 기회가 되면 〈크리스마스 캐롤〉을 원작으로 만든 영화나 뮤지컬도 감상해 보면 좋을 것 같다.

6

자린고비

한 걸음 문 열기

01 여러분은 '구두쇠'라는 단어를 들으면 누가 생각납니까? 왜 그렇게 생각합니까?

02 여러분은 돈을 아껴 쓰는 편입니까? 아니면 낭비하는 편입니까?

1 옛날 충정도 어느 마을에 조륵이라는 사람이 살고 있었다. 조륵은 지나칠 정도로 물건을 아껴 쓰고 절약하는 소문난 구두쇠였다. 조륵이 얼마나 지독한 구두쇠였는지를 말해 주는 여러 가지 이야기가 있다.

2 조륵은 평소에 반찬값을 아끼려고 한 가지 이상의 반찬을 상 위에 못 놓게 했다. 그런데 이 한 가지 반찬도 아깝다는 생각이 들어서 어떻게 하면 반찬값을 절약할 수 있을까 고민했다.

　어느 날 조륵은 좋은 생각이 떠올랐다. 그는 자반 생선을 한 마리 사서 천장에 매달아 놓았다. 자반 생선은 오랫동안 보관하기 위해 소금을 넣어 말린 생선을 말한다. 조륵은 밥상 위에 밥만 놓게 하고 식구들과 둘러앉았다.

　"자, 저 생선을 쳐다봐라. 보기만 해도 짜지? 그럼 이제 밥을 한 숟가락 떠먹어."

새단어

- **지나치다** to be excessive, 过分, 过度, 度が過ぎる, thái quá
- **지독하다** to be dreadful, 严重, 厉害, とてもひどい, quá mức
- **떠오르다** to rise up, 想出, 浮かぶ、浮かび上がる, nhớ ra
- **둘러앉다** to sit round, 围坐, 囲んで座る, ngồi vây quanh

조룩과 식구들은 이렇게 생선을 한 번 쳐다보고 밥 한 숟가락을 먹으면서 식사를 했다. 그런데 어떻게 하다가 아들이 자반 생선을 두 번 쳐다보자 조룩은 불같이 화를 내면서

"얼마나 밥을 많이 먹으려고 두 번이나 쳐다봤니?"라고 야단을 쳤다고 한다.

3 하루는 생선장수가 조룩의 집 앞을 지나가다가 한 번도 이 집에 생선을 팔아본 적이 없다는 것이 생각났다.

'아무리 구두쇠라도 생선을 한 번도 안 사 먹다니…. 공짜로 생선을 주면 안 먹을 리가 없어. 생선을 먹기 시작하면 그때 바로 집으로 들어가서 돈을 달라고 떼를 써야지.'라고 꾀를 내었다.

생선장수는 생선 한 마리를 조룩의 집 담 너머로 던졌다. 마당 청소를 하던 조룩은 갑자기 하늘에서 떨어진 생선을 주워서 한참 동안 손으로 만지고 나서 말했다.

"누가 이런 밥도둑을 여기에 버렸을까? 이 생선은 너무 맛있어서 이걸 반찬으로 하면 밥을 더 먹게 될 거야." 그리고 생선을 도로 담 너머로 던졌다. 생선장수는 이것을 보고 '이 집에는 절대로 생선을 팔 수 없겠구나.'라고 생각하며 발길을 돌렸다.

☑ **떼를 쓰다**

부탁을 들어달라고 고집을 부림.

☑ **밥도둑**

밥을 많이 먹게 하는 반찬

☑ **발길을 돌리다**

다른 곳으로 감.

새단어

- **꾀를 내다** to think out a trick, 施谋用计, 知恵を出す, bày mưu, dùng thủ đoạn
- **도로** again, 又, 更に, nguyên trạng
- **너머** beyond, 那边, 向こう, qua

4 생선장수가 떠나자 조륵은 급히 아내를 불렀다.

"여보, 빨리 냄비에 물을 받아 와. 방금 손으로 생선을 만졌더니 생선 냄새가 많이 나네. 이 손을 씻은 물로 국을 끓이면 맛있는 생선국이 될 거야."

이것을 보고 배운 조륵의 며느리는 다음 날 소고기 가게에 갔다. 며느리는 소고기를 사지 않고 소고기를 만지기만 하고 집에 와서 그 손 씻은 물로 소고기국을 끓여 먹었다고 한다. 조륵의 며느리는 시아버지에 못지않게 절약하고 검소한 생활을 한 것으로 마을에서 유명했다.

5 어느 날 조륵은 항아리에 담아 둔 고추장이 조금씩 줄어드는 것을 발견했다. 조륵은 며느리에게 이렇게 말했다.

"반찬도 안 만들어 먹는데 왜 고추장이 줄어들지? 고추장 항아리를 잘 지켜봐라."

며칠 동안 고추장 항아리를 지키던 며느리는 고추장을 먹는 것은 사람이 아니라 파리라는 것을 알아냈다.

"아버님, 파리가 고추장 위에 앉았다가 날아가는데 그 뒷다리에 고추장이 묻어서 가는 것이었습니다."

이 말을 듣고 조륵은 마을 끝까지 파리를 쫓아가서 결국 그 파리를 잡아 파리의 다리에 묻은 고추장을 손으로 떼어 집으로 돌아왔다고 한다.

새단어

- **며느리** daughter-in-law, 儿媳妇, 嫁、息子の妻, con dâu
- **검소하다** to be thrifty, 节俭, 質素, giản dị
- **항아리** a pot, 坛子, つぼ、瓶, chum, vại

- **묻다** to be stained with, 沾上, つく、ひっつく, dính
- **쫓아가다** to chase after, 追赶, 追っかける, đuổi đi
- **떼다** to remove, 取下, 取り除く, gỡ

6 한번은 조륵이 일 때문에 며칠 동안 경상도에 가야 했다. 그는 자신이 집을 비우는 동안 가족들이 곡식을 많이 먹을까 봐 걱정이 되어서

"내가 없는 동안 창고에 있는 곡식에 손을 대면 혼날 줄 알아라."

하고 길을 떠났다. 그런데 경상도 지방에 심한 홍수가 나서 조륵은 발이 묶이게 되었다. 이로 인해서 조륵은 예정보다 10일이나 늦게 집에 오게 되었다. 가족들은 먹을 것이 떨어져서 배에서 꼬르륵꼬르륵 소리가 나면 물로 배를 채우면서 기다렸다. 7일째 되는 날 가족들은 너무 배가 고파서 창고에서 밀가루를 아주 조금 꺼내 떡을 만들어 먹었다. 조륵은 돌아오자마자 제일 먼저 창고를 확인하고

"누가 밀가루에 손을 댔지?"

라고 물었다. 가족들이 우물쭈물 대답을 못하니까 조륵은

"떠나기 전에 밀가루 위에 내 얼굴 도장을 찍어 놓았는데 얼굴 도장이 달라졌어. 손을 댄 사람이 누구야?"

가족들은 너무 배가 고픈 나머지 아버지의 말을 어길 수밖에 없었다고 하면서 용서를 빌었다.

☑ **손을 대다**
다른 사람의 물건이나 음식을 몰래 만지거나 먹음.

☑ **발이 묶이다**
다른 곳으로 이동하거나 다른 일을 할 수 없는 상황

☑ **꼬르륵꼬르륵**
배가 고파서 나는 소리

☑ **우물쭈물**
말이나 행동을 확실하게 하지 못하고 망설이는 모양

새단어

- **곡식** grains, 粮食, 穀物, ngũ cốc
- **예정** plan, 打算, 予定, dự định
- **도장을 찍다** to stamp a seal, 盖章, 判子を押す, đóng dấu
- **떨어지다** to run out, 没了, 尽きる, hết
- **어기다** to violate, 违背, (約束を)破る, làm trái

7 그 밖에 신발 닳는 것이 아까워서 신발을 손에 들고 다닌 이야기도 유명하다. 조륵은 보통 맨발로 걷다가 사람이 오면 얼른 신발을 신고 아무도 없으면 다시 벗었다. 이렇게 하면서 조륵은 신발 한 켤레로 평생을 살았다고 한다.

또한 부채 닳는 것도 아까워서 부채를 천장에 걸어 놓고 그 밑에서 고개를 돌렸다고 한다. 더운 여름날 부채 밑에서 땀을 흘리며 고개를 돌리는 조륵을 보고 사람들은 어이없어했다. 그리고 조륵은 종이가 아까워서 절대로 먼저 편지를 보내지 않았다고 한다. 편지를 기다리던 사람들이 기다리다가 지쳐서 조륵한테 편지를 보내면 그 편지 종이의 끝에 답장을 써서 보냈다. 이렇게 절약한 끝에 마침내 조륵은 큰 부자가 되었는데 부자가 된 후에도 그의 절약하는 습관은 멈출 줄 몰랐다. 사람들은 이런 조륵을 '인색한 구두쇠'라고 뒤에서 손가락질을 했고 아무도 그와 친구가 되려고 하지 않았다.

손가락질을 하다 ☑

다른 사람의 좋지 않은 점을 지적함.

새단어

• **닳다** to wear out, 磨破, すり減る, mòn

• **어이없다** to be aghast, 荒唐, あきれる, vô lí

• **지치다** to be exhausted, 厌烦, 疲れる、くたびれる, mệt mỏi

• **인색하다** to be miserly, 吝啬, けちくさい, hà tiện

8 그러던 어느 해, 나라에 큰 흉년이 들었다. 먹을 것이 부족해져서 굶는 사람들이 우후죽순 늘어만 갔는데 나라에서는 좋은 해결 방법을 만들지 못하고 있었다. 그때 놀랍게도 조륵이 나섰다. 그는 창고를 열어 그동안 모아 두었던 곡식과 재산을 모두 배고픈 사람들에게 나누어 주었다. 그 당시 충청도 사람치고 조륵의 도움을 받지 않은 사람이 없을 정도였다고 한다. 그가 세상을 떠나자 마을 사람들은 '자인고비'(慈仁考碑: 부모님처럼 인자한 사람을 위한 비석)을 세워 그를 기념하였다고 한다. 그런데 시간이 흐르면서 감사의 뜻은 사라지고 인색한 사람이라는 의미의 '자린고비'라는 표현만이 쓰이게 되었다.

☑ **우후죽순**

어떤 일이 한때에 많이 생김.

새단어

• **흉년이 들다** to have a bad harvest, 闹灾荒, 凶作にあう, năm mất mùa

• **인자하다** to be benevolent, 仁慈, 慈愛に満ちている, nhân từ

• **비석** a gravestone, 石碑, 碑石, bia đá

01 단어 이해하기

1 〈보기〉에서 알맞은 단어를 골라 문장을 완성하십시오.

> 보기
>
> | 검소하다 | 쫓아가다 | 도로 | 떼다 | 묻다 |
> |---|---|---|---|---|
> | 닳다 | 지치다 | 인색하다 | 꼬르륵꼬르륵 | 우물쭈물 |

1) 우리 할아버지는 ＿＿＿＿＿＿＿ －아서/어서 비싼 물건은 사지 않으시고 꼭 필요한 물건만 가지고 계신다.

2) 연필을 안 가지고 온 줄 알고 연필을 빌렸는데 연필이 있어서 친구한테 ＿＿＿＿＿＿＿ 주었다.

3) 아침을 안 먹고 학교에 갔는데 수업 시간에 배에서 ＿＿＿＿＿＿ 소리가 나서 창피했다.

4) 언니가 신던 신발을 주었는데 신발 바닥이 너무 ＿＿＿＿＿＿ －아서/어서 신을 수 없을 것 같다.

5) 아침부터 쉬는 시간도 없이 일을 해서 오후가 되니까 너무 힘들고 ＿＿＿＿＿＿.

02 내용 이해하기

1 다음의 내용이 맞으면 O, 틀리면 X 하십시오.

1) 조륵은 반찬값을 아끼려고 짠 생선을 많이 샀다. ( )
2) 조륵의 며느리는 검소한 생활을 한 것으로 유명하다. ( )
3) 조륵은 다른 사람을 만날 때만 신발을 신고 보통 때는 벗고 다녔다. ( )
4) 조륵의 가족들은 조륵의 허락이 없으면 창고의 음식을 먹을 수 없었다. ( )
5) 조륵은 큰 부자가 되자 돈도 많이 쓰고 마을 사람들에게 많은 음식을 무료로 나누어 주었다. ( )

2 이 글의 주제는 무엇입니까?

① 누구나 검소하게 생활하면 부자가 될 수 있다.
② 지나치게 절약하면 다른 사람들이 싫어할 수 있다.
③ 무조건 절약을 해야 다른 사람들을 도와줄 수 있다.
④ 자신이 가진 것을 필요한 사람들에게 나누어 주어야 한다.

1 '자린고비'이야기에서 조륵은 여러 가지 방법으로 절약을 했습니다. 이 중에서 가장 이해할 수 없는 행동은 무엇입니까? 그렇게 생각하는 이유도 이야기해 보십시오.

가장 이해할 수 없는 행동	
그렇게 생각하는 이유	

2 돈이나 물건을 절약할 수 있는 '나만의 자린고비 방법'을 소개해 보십시오.

절약의 목적	
절약하는 방법	
절약의 결과	

이야기로 공부하기

★ 이야기에 나온 표현들을 공부해 봅시다.

동 –았/었더니

동사에 붙어서 과거에 직접 경험한 일이 이유가 되어서 어떤 결과가 생겼을 때 사용합니다.

> 예 아이스크림을 많이 **먹었더니** 배탈이 났다.
>
> 어제 늦게까지 아르바이트를 **했더니** 너무 피곤하다.

연습 ※ 다음 대화를 완성하세요.

1) 가: 목소리가 이상하네요. 감기 걸렸어요?

나: 아니에요. 어제 친구들하고 노래방에서 노래를 많이 _____
목소리가 변했어요.
(부르다)

2) 가: 감기는 좀 나았어요?

나: 네. 어제 약을 _____ 지금은 괜찮아요.
(먹다)

3) 가: 무슨 일이 있어요? 얼굴이 안 좋아 보여요.

나: 오늘 발표가 있어서 늦게까지 _____ 너무 피곤하네요.
(연습하다)

명 에 못지않게

명사에 붙어서 그 명사와 비교했을 때 그것보다 못하지 않다는 의미가 있습니다.

> 예 그 아이는 **어른에 못지않게** 힘이 세다.
>
> 내 친구는 **가수에 못지않게** 노래를 잘 부른다.

연습 ※ 다음 대화를 완성하세요.

1) 가: 제가 만든 떡볶이인데 맛이 어때요?

나: 정말 맛있네요. _____ 요리를 잘하시네요.
(요리사)

2) 가: 에릭 씨는 외국 사람인데도 _____ 한국어를 잘하네요.
(한국 사람)

나: 맞아요. 에릭 씨는 한국 친구가 아주 많아서 매일 한국말만 사용한대요.

3) 가: 저는 잘생긴 남자 친구를 사귀는 게 꿈이에요.

나: 그래요? 저는 _____ 성격도 중요한 거 같아요.
(외모)

명 (으)로 인해서

명사에 붙어서 그 명사가 이유, 원인이 되어 결과가 나왔다는 의미가 있습니다.

예 이번 화재 사고로 인해서 3명이 죽고 5명이 다쳤다.
갑자기 내린 눈으로 인해서 길이 막히고 교통사고도 많이 발생했다.

연습 ※ 다음 단어를 연결해서 한 문장으로 만드십시오.

1) 오늘 아침 / 기계 고장 / 지하철 사고 / 발생하다

_____

2) 스트레스 / 담배를 피우다 / 사람들 / 증가하다

_____

3) 더운 날씨 / 시원한 음료 / 판매 / 늘어나다

_____

명 치고

명사에 붙어서 그 명사는 예외 없이 모두 그렇다는 의미가 있습니다.

예 한국 사람치고 세종대왕을 모르는 사람이 없다.
성공한 사람치고 부지런하지 않은 사람이 없다.

연습 ※ 다음 단어를 연결해서 한 문장으로 만드십시오.

1) 대학생 / 아르바이트를 안 하다 / 학생 / 없다

_____

2) 어린 아이 / 아이스크림을 싫어하다 / 아이 / 없다

_____

3) 외국인 관광객 / 명동에 안 가다 / 관광객 / 없다

_____

이야기 속 한국어 사전

티끌 모아 태산

아무리 적은 것이라도 조금씩 모으다 보면 큰 것이 된다는 뜻입니다.

> 예 가: 방학 때 유럽으로 여행을 가고 싶은데 돈이 많이 부족해
> 나: 커피 사 마시지 말고 그 돈을 모아 봐. **티끌 모아 태산**이라고 하잖아.

유비무환(有備無患)

평소에 준비를 잘해 두면 나중에 걱정이 없다는 뜻입니다.

> 예 가: 비도 안 오는데 왜 우산을 들고 가요?
> 나: **유비무환**이라고 하잖아요. 장마철에는 언제 비가 올지 모르니까 항상 준비를 해 두면 좋아요.

이야기 밖으로 나오기

'자린고비'이야기는 지독하게 인색한 사람들의 이야기가 입에서 입으로 전해져 내려온 것이다. 지역에 따라 두 사람의 구두쇠가 나와서 누가 더 절약하는지를 경쟁하는 이야기도 있고 온 가족이 모두 구두쇠인 이야기도 있다. 하지만 대부분의 이야기에서 공통된 점은 보통 사람들이 상상할 수 없을 정도로 과장된 행동들이 많이 나온다는 것이다. 아마도 이들의 과장된 행동을 이야기로 들으면서 일반 사람들이 즐겁게 절약 정신을 배우라는 의미가 있는 것 같다. 여기에 소개된 조륵의 이야기는 '부자인데도 부지런히 일을 했다.' '필요한 곳에 전 재산을 내 놓았다.'는 교훈적인 내용도 포함되어 있어서 가장 유명하다.

'자린고비'의 정신은 지금도 이어져 오고 있다. 사람들은 자신만의 다양한 절약 방법들을 소개하면서 계획 없이 돈을 쓰는 행동은 안 좋게 본다. 돈이나 물건 절약뿐만 아니라 짧은 시간을 잘 이용해서 좋은 결과를 얻는 사람들도 있다. 점심시간을 이용해서 운동을 하거나 외국어를 배우는 '시간 자린고비' 들이 좋은 예이다.

〈충청북도 음성군에 있는 '자린고비 조륵선생 유래비'〉

라푼젤
Rapunzel

한 걸음 문 열기

01 여러분은 실수로 한 약속 때문에 곤란한 적이 있습니까?

02 여러분이 알고 있는 옛날이야기 속 나쁜 사람들은 어떤 모습입니까?

1 옛날 어느 마을에 마녀가 살고 있었는데 그 집 정원은 여러 종류의 꽃과 채소들로 가득했다. 어느 날 옆집에 살던 부부가 창가에 서서 마녀의 정원을 구경하다가 아내가 갑자기

"여보, 저 양배추 하나만 먹을 수 있다면 다른 소원이 없겠어요."라고 간절히 말했다. 아내를 무척 사랑하는 남편은 아내의 소원을 꼭 들어주고 싶었다.

2 남편은 밤이 될 때를 기다려 몰래 마녀의 집 담을 넘어 들어가 양배추 하나를 가지고 왔다. 아내는 아주 맛있게 먹더니 더 먹고 싶다고 했다. 남편은 아내를 위해 다음날도 또 다음날도 마녀의 정원에서 몰래 양배추를 가지고 나왔다. 그러다가 마침내 마녀에게 들키고 말았다.

"감히 내 양배추를 훔치다니."

"제발 용서해 주세요. 아내가 너무 먹고 싶다고 해서…."

"양배추가 하나밖에 안 남았네. 네 아내가 내 양배추를 모두 먹은 셈이야. 그러니까 태어나는 첫 번째 아기는 내가 데려가겠어."

남편은 겁에 질려서 그렇게 하겠다고 약속을 하고 집으로 뛰어왔다.

> **겁에 질리다** ☑
>
> 겁을 많이 먹고 매우 무서워함.

새단어

- **마녀** witch, 女巫, 魔女, mụ phù thủy
- **가득하다**, to be full (of), 充满, 満ちている, đầy
- **간절히** sincerely, 迫切地, 切に, một cách tha thiết
- **담을 넘다** to climb over a wall, 翻越围墙, 塀を越える, qua rào

- **들키다** to be found, 被发现, 見つかる、ばれる, bị phát hiện
- **감히** boldly, 竟敢, 大胆にも, dám
- **겁** fear, 害怕, 恐怖心, nỗi sợ

3 몇 년이 지난 후 부부에게 예쁜 여자 아기가 태어났다. 마녀와의 약속을 까맣게 잊은 채 부부는 아기를 안고 즐거워했다. 그런데 곧 마녀가 찾아와서 "약속한 대로 이 아기는 내가 데려가겠어."라고 하면서 아기를 빼앗아 갔다. 부부는 마녀가 얼마나 무서운지 잘 알고 있어서 눈물만 흘릴 수밖에 없었다. 마녀는 아기에게 양배추라는 뜻의 '*라푼젤*'이라는 이름을 지어 주었다. 마녀는 문도 없는 높은 탑에 *라푼젤*을 가두어 놓았다. 어느덧 *라푼젤*은 예쁜 소녀로 자랐다. *라푼젤*의 금발 머리카락은 눈이 부실 만큼 아름다웠고 한 번도 자른 적이 없어서 탑의 높이만큼 길었다. 마녀는 먹을 것을 가져올 때마다 *라푼젤*의 긴 머리카락을 붙잡고 탑에 올라갔다.

☑ **까맣게 잊다**

어떤 일을 잊어버려서 하나도 기억하지 못함.

☑ **눈이 부시다**

너무 아름다워서 똑바로 볼 수 없음.

새단어

- **빼앗다** to steal, 抢走, 奪う, lấy mất
- **가두다** to confine, 关, 閉じ込める, nhốt
- **금발** blonde, 金发, 金髪, tóc vàng
- **머리카락** hair, 头发, 髪の毛, tóc

들어가기

4 높은 탑에서 혼자 사는 *라푼젤*은 계절에 따라서 변하는 숲속의 나무들과 꽃을 보는 것이 큰 즐거움이었다. *라푼젤*은 노래 부르는 것을 좋아해서 노래로 새들과 대화하곤 했다. *라푼젤*의 아름다운 목소리는 멀리 멀리 퍼져 나갔다.

어느 날 숲 속을 지나가던 왕자는 아름다운 노래 소리를 듣게 되었다. 그 노래 소리를 따라가 보니 높은 탑이 있었다. 그런데 그 탑에는 입구가 없어서 들어갈 수 없었다. 왕자는 성으로 돌아온 후에도 아름다운 노래 소리가 자꾸 생각났고 그 사람을 꼭 만나고 싶었다. 왕자는 매일 탑 아래에 가서 *라푼젤*의 노래를 들었다.

그러던 어느 날 마녀가 나타나 탑 아래에서 "*라푼젤, 라푼젤*" 이렇게 이름을 부르니까 꼭대기에 있는 창문에서 예쁜 여자가 나타나 금빛 머리카락을 내려 보냈다. 그러자 마녀는 그 머리카락을 붙잡고 탑 위에 올라가는 것이었다. 마녀가 돌아간 후 왕자는 마녀의 목소리를 흉내 내어 *라푼젤*을 불렀다. 그리고 마녀처럼 *라푼젤*의 머리카락을 잡고 탑 위로 올라갔다. *라푼젤*은 왕자를 보고 깜짝 놀랐다. 왕자는

"당신의 노래를 한 번 들었는데 잊을 수가 없었어요. 매일 탑 아래에 와서 당신의 노래를 들었지요. 자나깨나 당신을 만나고 싶은 생각뿐이었어요."

라고 고백했다. 두 사람은 곧 사랑에 빠졌고 결혼도 약속했다.

흉내(를) 내다 ☑

다른 사람의 말이나 행동을 똑같이 따라함.

자나깨나 ☑

자고 있을 때나 깨어 있을 때나 늘. 항상

새단어

• **따라가다** to follow after, 跟随, 付いていく, đi theo   • **꼭대기** the top, 顶端, てっぺん, đỉnh

5 왕자는 *라푼젤*과 함께 성으로 가고 싶었지만 탑에서 그녀를 데리고 나올 방법이 없었다. *라푼젤*은 자신의 머리카락을 붙잡고 내려올 수 없었기 때문이었다. *라푼젤*은 왕자에게

"저를 만나러 올 때 비단실을 조금씩 가져다주세요. 비단실은 다른 실에 비해서 튼튼하기 때문에 비단실로 사다리를 만들면 탑을 내려갈 수 있을 거예요."

라고 부탁을 했다. 왕자는 매일 밤 *라푼젤*에게 비단실을 가져다주었다.

6 사다리가 거의 다 만들어졌을 때 마녀가 사다리를 발견하고 말았다. *라푼젤*은 마녀에게 사다리를 만들어서 완성되면 탑에서 나가 사랑하는 왕자와 성에서 곧 결혼식을 하겠다고 말했다. 그 말이 끝나기가 무섭게 마녀는 불같이 화를 내며

"너희들 마음대로 될 줄 알아?"

라고 고래고래 소리를 질렀다. 그리고는 가위를 가지고 와서 *라푼젤*의 아름답고 긴 금발머리를 싹둑싹둑 자르고 *라푼젤*을 깊은 숲 속으로 보내 버렸다. 아무것도 모르는 왕자는 그날 밤도 탑 아래에 와서 *라푼젤*을 불렀다. 마녀는 잘라 놓은 *라푼젤*의 머리카락을 내려보냈고 아무것도 모르는 왕자는 그것을 붙잡고 탑을 오르기 시작했다.

☑ **고래고래**

시끄럽게 소리를 지르는 모양

☑ **싹둑싹둑**

물건을 자를 때 나는 소리

새단어

- **비단실** silk thread, 丝线, 絹の糸, chỉ tơ
- **튼튼하다** to be strong, 结实, 丈夫だ, vững chắc
- **사다리** ladder, 梯子, はしご, thang
- **완성되다** to be completed, 完成, 完成する, được hoàn thành

왕자가 거의 다 올라왔을 때 마녀는

"네가 사랑하는 *라푼젤*은 여기 없어. 두 사람은 영원히 못 보게 될 거야."

라고 하면서 머리카락을 놓아 버렸다. 왕자는 땅에 떨어지면서 가시에 눈을 찔려 앞을 못 보게 되었다.

7 몇 년이 흘렀다. 눈 먼 왕자는 *라푼젤*의 이름을 부르며 여기저기 숲 속을 찾아 헤맸다.

"그리운 *라푼젤*, 어디에 있어요? 살아 있다면 나한테 와 주세요."

왕자는 눈물을 흘리면서 *라푼젤*의 이름을 애타게 불렀다. 그때 귀에 익은 노래 소리가 멀리서 들렸다. 왕자는 그 소리를 따라갔다. 그것은 그토록 그리워하던 *라푼젤*의 노래 소리였다.

> 귀에 익다 ☑
>
> 여러 번 들어서 익숙해 있는 말이나 소리

"*라푼젤*, 당신이에요?"

왕자의 목소리를 듣고 밖으로 나온 *라푼젤*은 눈 먼 왕자의 모습을 보고 기절할 만큼 놀랐다.

"나의 왕자님, 어떻게 된 일이에요?"

*라푼젤*은 뛰어가 왕자를 꼭 안고 엉엉 울었다. 그런데 *라푼젤*의 눈물이 왕자의 눈에 똑똑 떨어지자 왕자가 두 눈을 떴다. *라푼젤*의 눈물이 왕자의 눈을 낫게 해서 왕자는 다시 앞을 보게 된 것이다.

새단어

- **가시** a thorn, 刺, 棘, gai
- **찔리다** to be pierced, 被扎, 刺さる, bị đâm
- **헤매다** to wander around, 徘徊, 彷徨う, đi lòng vòng
- **애타게** yearningly, 焦急地, 待ち焦がれる, cháy lòng

8 *"라푼젤,* 그동안 고생 많이 했어요. 이제 우리 헤어지지 말고 행복하게 살아요."

왕자는 *라푼젤과* 함께 성으로 갔다. 죽은 줄 알았던 왕자가 살아서 돌아왔고 아름다운 신부까지 함께 오자 온 나라는 기쁨으로 가득찼다. 두 사람은 많은 사람들을 초대해서 큰 결혼식을 했다. 몇 년 후 왕자는 왕이 되었고 *라푼젤은* 왕비가 되어 행복하게 살았다.

이야기 속 구경하기

01 단어 이해하기

1 〈보기〉에서 알맞은 단어를 골라 문장을 완성하십시오.

보기				
간절히	들키다	흉내를 내다	헤매다	완성되다
따라가다	가득하다	고래고래	싹둑싹둑	

1) 내일 어머니의 수술이 성공해서 다시 건강해지시기를 _____ 기도했다.

2) 유라가 선생님의 목소리를 아주 비슷하게 _____ −아서/어서 친구들이 많이 웃었다.

3) 친구가 집에 초대를 했는데 처음 가는 곳이라서 _____ −다가 30분이나 늦었다.

4) 동생의 옷을 몰래 입고 나가다가 집 앞에서 동생한테 _____.

5) 사람들이 _____ 소리를 질러서 나가 보니까 주차 문제 때문에 이웃이 싸우고 있었다.

02 내용 이해하기

1 다음의 내용이 맞으면 O, 틀리면 X 하십시오.

1) 라푼젤의 아버지는 마녀의 양배추를 먹은 대신 아기를 주기로 약속했다. (   )

2) 라푼젤의 어머니는 양배추를 좋아해서 딸에게 라푼젤이라는 이름을 지어 주었다.

(   )

3) 라푼젤과 왕자는 비단실로 만든 사다리를 타고 탑에서 내려왔다. (   )

4) 왕자는 라푼젤을 찾으려고 숲에서 헤매다가 넘어져서 눈을 다쳤다. (   )

5) 라푼젤의 눈물로 왕자의 눈은 치료가 되어 다시 볼 수 있게 되었다. (   )

2 이야기 전개에 맞게 다음 내용을 순서대로 정리해 보십시오.

① 눈 먼 왕자는 숲속을 헤매고 다녔다.

② 마녀는 라푼젤을 탑에서 숲으로 보내 버렸다.

③ 라푼젤과 왕자는 성에서 큰 결혼식을 했다.

④ 왕자는 탑에서 떨어졌다.

(   ) ▶ (   ) ▶ (   ) ▶ (   )

이야기 돌아보기

1 라푼젤의 아버지는 양배추를 몰래 훔치다가 마녀에게 들키자 너무 무서워서 잘못된 약속을 하고 말았습니다. 여러분이 라푼젤 아버지라면 마녀에게 들켰을 때 어떻게 할지 이야기해 보십시오.

마녀에게 들켰을 때 할 행동과 말	
그렇게 하는 이유	
결과	

2 라푼젤의 눈물이 사랑하는 왕자의 눈을 뜨게 했습니다. 이처럼 사랑의 힘으로 어려움을 극복한 이야기를 알고 있습니까? 다음에 메모한 후 글로 써 보십시오.

어떤 어려움이 있었습니까?	
어떻게 극복했습니까?	

이야기로 공부하기

★ 이야기에 나온 표현들을 공부해 봅시다.

동 -(으)ㄴ/는 셈이다

동사에 붙어서 앞뒤의 상황으로 볼 때 '거의 그런 것 같다'라는 의미입니다.

> 예 우리 가족 5명 중에서 4명이 왔으니 거의 다 **모인 셈이에요.**
>
> 일주일에 5일을 수영하니까 거의 매일 **수영하는 셈이에요.**

연습 ※ 다음 대화를 완성하세요.

1) 가: 그 친구하고 아주 친한가 봐요.

　나: 너무 친해서 항상 우리 집에 와요. 잠잘 때 빼고 우리 집에 있으니까 _____
　　　　　　　　　　　　　　　　　　　　　　　　　　　　　　　　　　　　　　　(함께 산다)

2) 가: 하루에 커피를 몇 잔쯤 마셔요?

　나: 출근하면서 마시고 밥 먹고 한 잔씩 마시니까 3잔 이상 _____
　　　　　　　　　　　　　　　　　　　　　　　　　　　　　　　　　　　(마시다)

3) 가: 여기 있던 빵을 누가 다 먹었어?

　나: 윤아가 6개 중에 다섯 개를 먹었으니 윤아가 다 _____
　　　　　　　　　　　　　　　　　　　　　　　　　　　　　　　　(먹다)

동 -(으)ㄹ 만큼

동사에 붙어서 앞과 뒤의 정도가 비슷하다는 것을 의미합니다.

> 예 저는 그 책의 내용을 모두 **외울 만큼** 많이 읽었어요.
>
> 회사 사람 모두가 다 **알 만큼** 윤오 씨는 노래를 잘해요.

연습 ※ 다음 대화를 완성하세요.

1) 가: 저는 하루 종일 BTC 노래만 _____ BTC 노래를 좋아해요.
　　　　　　　　　　　　　　　　　　　　(듣다)

　나: 그래요? 저도 한번 들어보고 싶네요.

2) 가: 연예인 A 씨와 B 씨가 사귄다면서요?

　나: 네. 저는 그 뉴스 보고 _____ 놀랐어요. B 씨가 20살이나 많잖아요.
　　　　　　　　　　　　　　　(기절하다)

3) 가: 텔레비전에서 소개한 그 식당에 가 봤어요?

　나: 그럼요. 그 식당 불고기는 _____ 맛있더라고요. 꼭 가 보세요.
　　　　　　　　　　　　　　　　(둘이 먹다가 하나가 죽어도 모르다)

명 **에 따라서**

명사 뒤에 붙어서 뒤에 오는 상황의 조건이나 기준이 되는 것을 의미합니다.

> 예 **사람에 따라서** 좋아하는 음식이 다르다.
>
> 출발하는 **날짜에 따라서** 비행기 요금이 달라요.

연습 ※ 다음 대화를 완성하세요.

1) 가: 부산까지 기차표 값이 얼마예요?

　　나: ＿＿＿＿＿＿＿＿＿＿ 표 값이 달라요. 주말에는 아주 비싸요.
　　　　　　　 (요일)

2) 가: 남자 친구한테 선물할 티셔츠를 사려고 하는데 이거 어때요?

　　나: 글쎄요. ＿＿＿＿＿＿＿＿＿＿ 좋아하는 디자인이 다르거든요.
　　　　　　　　 (나이)

3) 가: 제주도는 어느 계절에 가면 좋아요?

　　나: 제주도는 ＿＿＿＿＿＿＿＿＿＿ 구경할 것들이 달라요. 그래서 어느 계절에 가도
　　　　　　　　　　 (계절)

　　좋을 거예요.

동 **-기가 무섭게**

동사에 붙어서 '어떤 일이 일어나자마자 곧바로'라는 의미입니다.

> 예 아이는 집에 **들어오기가 무섭게** 컴퓨터로 달려가서 게임을 했어요.
>
> 선생님의 말씀이 **끝나기가 무섭게** 학생들은 교실 밖으로 뛰어 나갔다.

연습 ※ 다음 대화를 완성하세요.

1) 가: 저 빵집에서 파는 녹차 아이스크림이 인기라면서?

　　나: 요즘 ＿＿＿＿＿＿＿＿＿＿ 팔린대. 우리도 빨리 가서 먹어 보자.
　　　　　　 (만들다)

2) 가: 엄마, 책을 사야 하는데 돈이 없어요.

　　나: 벌써 용돈을 다 썼어? ＿＿＿＿＿＿＿＿＿＿ 다 쓰지 말고 절약해야 해.
　　　　　　　　　　　　　　　 (받다)

3) 가: 에릭 씨하고 연락했어요?

　　나: 그럼요. 제가 메일을 ＿＿＿＿＿＿＿＿＿＿ 답장이 왔어요.
　　　　　　　　　　　　 (보내다)

말이 씨가 된다.

말을 하는 대로 실제로 이루어질 수 있으니까 말을 조심해야 한다는 뜻입니다.

> 예 가: 이번 시험에 합격하지 못할 거 같아.
> 나: **말이 씨가 된다**고 하잖아. 그렇게 말하면 정말 떨어질 수도 있어.

일편단심(一片丹心)

사랑하거나 존경하는 마음이 변하지 않는다는 뜻입니다.

> 예 가: 그 드라마가 어떻게 끝났어요?
> 나: 여자 주인공이 10년 동안 **일편단심**으로 기다리던 남자를 드디어 만나서
> 결혼했어요.

이야기 밖으로 나오기

　이 이야기는 독일의 옛날이야기를 그림형제가 아이들을 위한 동화로 만든 것이다. 제이콥 그림(Jacob Grimm)과 빌헬름 그림(Wilhelm Grimm) 형제는 독일 여러 지방의 옛날이야기 200여 개를 모아서『그림동화』라는 책을 만들었다. 그림 형제는 수집한 내용에다가 아이들에게 교훈을 줄 수 있는 내용을 넣어서 이야기를 만들었다. 그리고 내용을 상상하는 데 도움이 될 수 있게 그림도 함께 넣었다. 책이 나온 1800년대 이후 70여개의 언어로 번역될 만큼『그림 동화』책은 아주 유명하다.

　『그림 동화』책에는 〈라푼젤〉을 비롯해서 〈신데렐라〉, 〈백설공주〉, 〈헨델과 그레텔〉 등 요즘도 인기 있는 동화들이 많이 들어있다. 이 동화들은 만화 영화로도 만들어져 전 세계의 아이들은 물론 어른들도 즐겨 보고 있다. 동화 속 주인공과 내용은 다르지만 '거짓말을 하면 안 된다.' '나쁜 사람은 벌을 받고 착한 사람은 복을 받는다.'는 공통된 주제로 아이들에게 좋은 교훈이 된다.

〈독일에 있는 그림 형제의 동상〉

Story

8

신녀와 나무꾼

한 걸음 ## 문 열기

01 여러분 나라의 옛날이야기에서는 하늘나라에 누가 살고 있습니까?

02 여러분은 누군가에게 큰 도움을 받은 적이 있습니까? 어떻게 감사의 마음을
표현했습니까?

1 옛날 어느 마을에 젊은 나무꾼이 어머니와 함께 살고 있었다. 나무꾼은 항상 웃으면서 일도 열심히 하고 어머니의 말을 잘 듣는 효자였다. 동네 사람들은 어머니를 부러워했지만 어머니는 결혼을 못한 아들이 늘 걱정이었다. 나무꾼도 결혼을 해서 아내와 어머니와 함께 살고 싶었지만 가난한 나무꾼에게 결혼은 꿈도 못 꿀 일이었다.

꿈도 못 꾸다 ☑

가능성이 매우 적음.

2 어느 날 나무꾼이 산에서 나무를 하고 있을 때 사슴 한 마리가 달려오더니

"아저씨, 제발 저를 좀 숨겨 주세요. 사냥꾼이 저를 잡으러 오고 있어요."

라고 했다.

나무꾼은 불쌍한 사슴의 부탁을 모르는 척할 수 없어서 나무 뒤에 숨겨 주었다. 그리고 곧 사냥꾼이 뛰어와서 나무꾼에게 물었다.

"혹시 조금 전에 사슴 한 마리가 이 앞으로 지나가지 않았어요? 어디로 갔어요?"

"아, 그 사슴이요? 저쪽으로 갔어요. 무척 빠르던데 빨리 쫓아가 보세요."

사냥꾼은 사슴을 놓칠까 봐 나무꾼에게 고맙다는 말도 없이 달려갔다. 사냥꾼이 멀리 가서 보이지 않게 된 후 나무꾼은 숨어 있던 사슴에게 말했다.

"사냥꾼은 저쪽으로 갔으니까 너는 이쪽으로 가. 조심해."

새단어

- **나무꾼** wood cutter, 樵夫, きこり, tiều phu
- **효자** a devoted son, 孝子, 親思いの息子, người con hiếu thảo
- **사슴** a deer, 鹿, 鹿, con hươu
- **사냥꾼** a hunter, 猎人, 猟人, kẻ săn bắn
- **숨기다** to hide, 藏起来, 隠す, giấu
- **쫓아가다** to chase, 追赶, 追いかける, đuổi theo
- **놓치다** to miss, 错过, 逃す, lỡ mất
- **숨다** to hide from, 躲藏, 隠れる, nấp

112

3 그런데 사슴은 나무꾼이 너무 고마워서 그대로 갈 수 없었다.

"나무꾼 아저씨, 아저씨 덕분에 제가 살았으니까 저도 아저씨를 위해 뭔가 해 드리고 싶어요. 아저씨 소원이 뭐예요?"

"집이 가난해서 매일 일만 하느라 아직 결혼도 못했어. 내가 결혼하는 걸 도와줄 수 있겠니?"

그러자 사슴은 웃으며 대답했다.

"이 산속에 작은 폭포가 하나 있지요? 보름날이면 선녀들이 목욕을 하러 그 폭포에 내려와요. 선녀들이 목욕을 하는 사이에 아저씨는 선녀들의 날개옷을 한 벌 숨기세요. 날개옷이 없는 선녀는 하늘로 올라갈 수 없으니 그 선녀와 결혼하면 돼요."

"하늘나라 선녀가 가난한 나무꾼하고 결혼하려고 할까?"

"선녀는 아저씨를 보자마자 아저씨가 착한 사람이란 걸 알고 행복하게 살 거예요. 그런데 한 가지 꼭 기억해야 할 게 있어요. 아이 넷을 낳기 전까지는 절대로 선녀에게 날개옷을 주면 안 돼요. 선녀는 날개옷을 보면 하늘로 가고 싶어질지도 모르니까요."

사슴은 이 말을 하고 숲 속으로 사라졌다.

새단어

- **소원** a wish, 願望, 願い, mơ ước
- **폭포** a waterfall, 瀑布, 滝, thác nước
- **선녀** a fairy, 仙女, 天女, sơn nữ
- **날개** a wing, 羽翼, 翼, cánh
- **사라지다** to disappear, 消失, 消える, biến mất

4 며칠 후 보름날이 되어 나무꾼은 폭포에 가 보았다. 사슴의 말대로 하늘에서 선녀들이 내려와 날개옷을 벗어 놓고 폭포 아래에서 목욕을 했다. 나무꾼은 나무 뒤에 숨어서 선녀들의 아름다운 모습을 몰래 보다가 사슴의 말이 생각났다.

'아, 날개옷을 숨기라고 했지?' 나무꾼은 선녀들이 옷을 벗어 둔 곳으로 살금살금 다가가서 날개옷 하나를 들고 나와 큰 나무 밑에 숨겼다.

목욕을 끝내고 선녀들이 하나 둘 날개옷을 입고 하늘로 올라가는데 한 선녀만 발을 동동 구르고 있었다. 나무꾼은 선녀에게 가서 물었다.

"무슨 일이 있어요? 이렇게 늦은 밤에 혼자서….”

"저는 하늘에서 온 선녀인데 제 날개옷을 찾을 수 없어요. 날개옷이 없으면 하늘나라로 돌아가지 못하거든요.”

동동 ☑

매우 안타깝거나 추워서 발을 가볍게 자꾸 구르는 모양

새단어

• **다가가다** to approach, 走近, 近寄る, lại gần

• **구르다** to stamp, 踩, 地団太を踏む, dậm chân

114

"그래요? 그럼 날개옷을 찾을 때까지 우리 집에라도 가 있는 게 어때요?"

선녀는 나무꾼과 함께 산을 내려갔다. 그리고 얼마 뒤 하늘로 올라가는 것을 포기하고 착한 나무꾼과 결혼을 했다.

5 선녀는 나무꾼의 아내가 되어 시어머니와 함께 오순도순 재미있게 살았고 어느덧 아이도 셋이나 낳았다. 하지만 선녀는 하늘을 올려다보며 혼자 울곤 했다.

'우리 부모님은 내가 이렇게 행복하게 사는 것도 모르고 나 때문에 걱정하고 슬퍼하실 텐데…. 흑흑!'

이런 선녀를 보는 나무꾼의 마음은 매우 아팠다. 그동안 자신의 행복만 생각한 것이 미안했고 날개옷을 숨긴 자신의 잘못을 모두 고백하고 용서받고 싶었다.

☑ **흑흑**

매우 슬퍼서 우는 소리

6 나무꾼은 사슴의 당부가 생생하게 기억났지만 '아이를 셋이나 낳았는데 설마 하늘나라로 돌아갈까?'라고 생각했다. 나무꾼은 숨겨 두었던 날개옷을 선녀에게 보여 주며 "여보, 사실은 당신과 결혼하고 싶어서 날개옷을 숨겼어요. 정말 미안해요."라고 고백했다. 선녀는 말없이 눈물만 흘렸다.

새단어

- **포기하다** to give up, 放弃, 諦める, từ bỏ
- **어느덧** before long, 不知不觉, いつの間にか, từ lúc nào không biết
- **고백** a confession, 坦白, 告白, bộc bạch
- **당부** a plea, 叮嘱, 頼み, yêu cầu

- **생생하다** to be vivid, 清晰地, 明白に、はっきりと, một cách rõ ràng
- **설마** surely not, 难道, まさか, biết đâu chừng

한참 후에 선녀는 날개옷을 한번 입어 보고 싶다고 했다. 선녀는 날개옷을 입더니 마당으로 나갔다. 그리고 놀고 있는 아이들에게 다가가서 한 아이는 업고 두 아이는 양팔에 안고서 하늘로 날아가 버렸다. 집 안에 있던 나무꾼이 깜짝 놀라 허겁지겁 달려 나갔지만 이미 때가 늦었다. 나무꾼은 구름 속으로 사라져 가는 선녀와 아이들의 모습을 안타까운 마음으로 볼 수밖에 없었다.

때가 늦다 ☑

어떤 일을 할 수 있는 시간이 지났음.

7 나무꾼은 숲으로 사슴을 찾아갔다. 나무꾼의 이야기를 들은 사슴은 좋은 방법을 알려 주었다.

"다시 그 폭포로 가 보세요. 보름날마다 하늘나라에서 큰 물통이 내려와서 폭포 물을 가지고 가거든요. 그 물통 안에 들어가면 하늘나라로 갈 수 있어요."

"이제 가족을 만날 수 있겠구나. 정말 고마워."

나무꾼은 사슴에게 인사하고 폭포로 달려갔다. 사슴이 말한 대로 하늘에서 큰 물통이 내려와 나무꾼은 무사히 하늘나라로 올라갈 수 있었다. 하늘나라에서 다시 만난 나무꾼과 선녀 가족은 오순도순 행복하게 살았다.

새단어

- **업다** to carry on one's back, 背, おんぶする, cõng
- **양팔** both arms, 双臂, 両腕, hai cánh tay
- **안타깝다** to feel sorry, 惋惜, 切ない、もどかしい, tiếc nuối
- **물통** canteen, 水桶, バケツ, 水槽, thùng nước
- **무사히** safely, 順利地, 無事に, một cách tốt đẹp

8 그런데 나무꾼은 시간이 갈수록 혼자 계신 어머니 생각에 우울해졌다. 이런 나무꾼을 옆에서 보는 선녀의 마음도 무척 아팠다. 그래서 선녀는 나무꾼에게 좋은 방법을 알려 주었다.

"하늘나라에는 날개가 있는 말이 있어요. 그 말을 타면 땅으로 내려갈 수 있어요."

"정말이에요? 어머니께서 매일 걱정하고 계실 거예요. 어머니를 만나서 우리가 아무 일 없이 잘 지낸다고 인사만 하고 올게요."

그러자 선녀는 "그런데 꼭 기억해야 할 게 있어요. 말에서 내려 발이 땅에 닿으면 다시는 하늘나라로 돌아올 수 없어요."라고 당부했다.

나무꾼은 날개 있는 말을 타고 하늘나라에서 내려와 자신의 집에 도착했다. 집 안에 계시던 어머니는 아들이 부르는 소리를 듣고 달려 나왔다. 나무꾼이 그동안의 일을 어머니께 모두 이야기했다. 어머니는 이제 걱정이 없어졌다고 하시면서 부엌에서 팥죽을 가지고 나오셨다.

"네가 좋아하는 팥죽이 있는데 한 그릇 먹고 가라."

나무꾼은 말 위에 앉은 채 어머니가 주시는 팥죽을 받았다. 그런데 그릇이 너무 뜨거워서 팥죽을 말 위에 흘리고 말았다. 그러자 깜짝 놀란 말이 앞발을 드는 바람에 나무꾼은 땅에 떨어졌고 말은 혼자 하늘나라로 올라가 버렸다. 다시 혼자가 된 나무꾼은 가족을 그리워하면서 지붕 위에 올라가 하늘을 보면서 매일 울다가 수탉이 되었다고 한다.

새단어

- **땅** land, 陆地, 地面, đất
- **닿다** to reach, 碰到, 触れる, chạm
- **팥죽** red bean porridge, 红豆粥, 小豆粥, cháo đậu đỏ
- **그릇** bowl, 碗, 器, bát
- **흘리다** to spill, 流出, こぼす, chảy
- **수탉** rooster, 公鸡, 雄鶏, gà trống

이야기 속 구경하기

01 단어 이해하기

1 〈보기〉에서 알맞은 단어를 골라 문장을 완성하십시오.

보기				
쫓아가다	소원	다가가다	포기하다	당부
어느덧	무사히	닿다	동동	흑흑

1) 모든 부모님의 _____은/는 가족 모두가 건강하고 행복하게 사는 것이다.

2) 책장에 읽고 싶은 책이 있는데 손이 _____ -지 않아서 키가 큰 에릭 씨에게 부탁했다.

3) 지하철이 고장 나서 학교에 지각할까 봐 발만 _____ 굴렀다.

4) 처음 한국에 왔을 때가 엊그제 같은데 _____ 1년이 되었다.

5) 경찰은 차를 타고 도망가는 범인을 끝까지 _____ -아서/어서 잡았다.

02 내용 이해하기

1 다음의 내용이 맞으면 O, 틀리면 X 하십시오.

1) 나무꾼은 사슴의 도움으로 선녀와 결혼할 수 있었다. (   )

2) 선녀는 하늘나라의 가족을 모두 잊은 채 나무꾼과 행복하게 살았다. (   )

3) 선녀와 두 아이는 날개옷을 입고 하늘나라로 올라가 버렸다. (   )

4) 나무꾼은 사슴의 도움으로 하늘나라에 올라가서 다시 가족을 만날 수 있었다.

(   )

5) 나무꾼은 말을 타고 가다가 넘어져서 하늘나라로 돌아가지 못했다. (   )

2 선녀가 하늘나라로 돌아가지 못한 이유는 무엇입니까?

① 사슴이 부탁을 해서   ② 날개옷을 잃어버려서

③ 폭포에서 목욕을 하려고   ④ 나무꾼과 결혼하고 싶어서

3 나무꾼이 하늘나라로 돌아가지 못한 이유는 무엇입니까?

① 수탉이 되고 싶어서   ② 사슴이 당부한 말을 잊어버려서

③ 하늘나라의 말에서 떨어져서   ④ 혼자 계신 어머니와 살고 싶어서

이야기 돌아보기

1 날개옷을 숨긴 나무꾼의 행동에 대해 여러분은 어떻게 생각합니까? 여러분의 의견을 이야기해 보십시오.

나의 의견	
그렇게 생각하는 이유	

2 나무꾼은 어머니를 만나려고 다시 땅으로 내려왔다가 다시는 가족들을 만날 수 없게 되었습니다. 나무꾼의 입장이 되어 하늘나라에 있는 가족들에게 편지를 써 보십시오.

이야기로 공부하기

★ 이야기에 나온 표현들을 공부해 봅시다.

동형 **-던데**

과거에 일어난 일을 생각하면서 그것과 관련된 질문을 할 때 사용합니다.

> 예 학교 앞에 사람이 **많던데** 무슨 일이 있어요?
>
> 조금 전에 유라 씨가 교실 앞에서 너를 **기다리던데** 만났어?

연습

※ 다음 대화를 완성하세요.

1) 가: 오늘 점심은 어디에서 먹을까요?

   나: 회사 앞 식당이 ＿＿＿＿＿＿＿＿＿＿ 거기로 갈까요?
   (맛있다)

2) 가: 아까 ＿＿＿＿＿＿＿＿＿＿ 감기에 걸렸어요?
   (기침을 하다)

   나: 네. 더워서 에어컨을 켜 놓고 잤더니 감기에 걸렸어요.

3) 가: 편의점에서 꽃을 ＿＿＿＿＿＿＿＿＿＿ 오늘이 무슨 날이에요?
   (팔다)

   나: 부모님께 감사하는 마음으로 꽃을 선물하는 날이에요.

동 **-는 사이에**

동사에 붙어서 앞의 행동을 하는 비교적 짧은 시간 동안 다른 일이 일어난 것을 말할 때 사용합니다.

> 예 내가 **샤워하는 사이에** 동생이 피자를 다 먹어버렸어요.
>
> 친구하고 **이야기하는 사이에** 지하철이 떠나버렸어요.

연습

※ 다음 대화를 완성하세요.

1) 가: 내가 주차장에서 ＿＿＿＿＿＿＿＿＿＿ 식당에 가서 주문해 줄래?
   (주차하다)

   나: 그래. 내가 먼저 가서 주문을 해 놓을게.

2) 가: 잠깐 ＿＿＿＿＿＿＿＿＿＿ 내려야 할 역을 지나갔네요.
   (다른 생각을 하다)

   나: 그럼 다음 역에서 내려서 걸어가요. 그렇게 멀지 않을 거예요.

3) 가: 오늘 에릭 씨 생일 축하 파티인데 준비는 다 됐어?

   나: 아니, 내가 음식을 ＿＿＿＿＿＿＿＿＿＿ 마트에서 음료수 좀 사다 줄래?
   (만들다)

명 (이)라도

가장 좋은 방법을 선택할 수 없어서 그 다음의 것을 선택할 때 사용할 수 있습니다.

> 예 밥이 없는데 **라면이라도** 먹을까?
>
> 오전에 시간이 없으면 **오후에라도** 잠깐 만나요.

※ 다음 대화를 완성하세요.

1) 가: 친구하고 영화를 보기로 했는데 친구가 갑자기 일이 생겨서 못 간다고 하네요. 영화표
   를 취소해야겠어요.

   나: 그러지 말고 _____ 꼭 보세요. 너무 좋은 영화예요.
   　　　　　　　　　　　(혼자)

2) 가: 오늘까지 숙제를 내야 하는데 못했어요. 죄송해요.

   나: 그럼 _____ 꼭 내세요.
   　　　　　　(내일)

3) 가: 도서관에서 공부하면 시원하고 조용해서 좋은데 자리가 없네.

   나: 내일 시험이니까 _____ 가서 공부하자.
   　　　　　　　　　　　　(카페)

동 -는 바람에

동사 뒤에 붙어서 갑자기 생긴 일 때문에 안 좋은 결과가 생겼을 때 사용할 수 있습니다.

> 예 지하철이 고장 **나는 바람에** 지각을 했어요.
>
> 뛰어 가다가 **넘어지는 바람에** 무릎을 다쳤어요.

※ 다음 대화를 완성하세요.

1) 가: 내가 몇 번이나 불렀는데 왜 대답을 안 해?

   나: 미안해. 이어폰을 _____ 못 들었어.
   　　　　　　　　　　　　(끼고 있다)

2) 가: 왜 선생님한테 야단을 맞았어요?

   나: 친구가 갑자기 _____ 선생님 말씀을 못 들었거든요.
   　　　　　　　　　　(말을 걸다)

3) 가: 어떻게 하다가 다쳤어요?

   나: 휴대폰을 보면서 걸어가다가 _____ 다쳤어요.
   　　　　　　　　　　　　　　　(넘어지다)

학수고대(鶴首苦待)

원하는 것을 간절하게 기다린다는 뜻입니다.

> 예 가: 이번 대회의 우승을 축하합니다.
>
> 나: 감사합니다. 지난 10년 동안 저의 성공을 **학수고대**하시던 부모님께 우승 소식을 전할 수 있어 무척 기쁩니다.

새옹지마(塞翁之馬)

인생은 나쁜 일, 좋은 일로 변화가 많다는 뜻입니다.

> 예 가: 회사 면접에서 떨어졌어. 정말 일하고 싶은 회사였는데······.
>
> 나: 너무 실망하지 마. 인생은 **새옹지마**라고 너한테 더 좋은 기회가 올 거야.

이야기 속 문화

하늘나라의 여자와 땅의 남자가 하늘과 땅 만큼의 큰 차이에도 불구하고 사랑을 하게 되는 이야기는 다른 나라의 옛날이야기에도 많이 있다. 그리고 대부분의 이야기들은 두 사람이 많은 어려움을 잘 이겨내고 하늘나라에서 행복하게 사는 것으로 끝이 난다. 하지만 '선녀와 나무꾼'에서 나무꾼은 하늘나라에 다시 돌아갈 수 없을지도 모르는 위험을 알고도 다시 땅으로 내려오고 말았다. 왜 그랬을까?

그 이유는 한국의 '효' 문화에서 찾을 수 있다. '효'란 자신이 할 수 있는 최선을 다해 부모님을 모시는 것을 말한다. 제일 좋은 것은 부모님께 먼저 드리고 부모님의 말씀을 가장 중요하게 생각하며 부모님이 걱정을 하지 않도록 하는 것이 '효'이다. 나무꾼이 어머니를 안심시키려고 위험한 것을 알고도 땅으로 내려온 것은 어머니에 대한 '효'로 설명할 수 있다. 이처럼 한국의 옛날이야기 속에는 '효'가 중요한 소재가 된다. 아버지를 위해 자신을 희생한 '효녀 심청'도 읽어 보면 한국의 '효' 문화를 더 잘 이해하게 될 것이다.

Story

9

활을 잘 쏘는 주몽
— 한국 신화 —

한 걸음 **문 열기**

01 누군가가 이유 없이 여러분을 미워한다면 어떻게 하겠습니까?

02 어려움을 이기고 성공한 이야기를 소개해 봅시다.

한국은 옛날 고구려, 백제, 신라 이 세 개의 나라가 한 시대에 있었던 삼국시대가 있었다. 이 중 가장 먼저 생겨난 나라는 고구려로 기원전 1세기부터 668년까지 계속되었는데 삼국시대 나라 중 가장 활발하게 영토를 넓힌 나라이며, 강한 힘을 가진 국가로 제일 빠르게 성장한 나라였다. 고구려를 처음 세운 왕의 이름은 *동명왕*인데 다음의 이야기는 그 *동명왕*에 대한 신화이다.

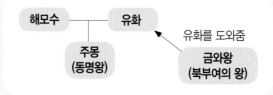

1 북부여라는 나라의 왕 *금와*는 어느 날 신하들을 데리고 사냥을 나갔다가 강에서 한 여자를 만나게 되었다. 여자가 *금와*에게 다가와서 자기소개를 했다.

"저는 물의 신인 *하백*의 딸 *유화*라고 합니다. 어느 날 동생들과 물 밖에서 놀고 있을 때 한 남자가 자신은 하느님의 아들인 *해모수*라고 밝혔습니다. 저와 *해모수*는 첫눈에 반해 부모님들의 허락도 없이 결혼을 하게 되었는데 *해모수*는 자신의 아버지의 허락을 받아 오겠다면서 하늘로 떠난 뒤에 돌아오지 않았습니다. 이 사실을 안 저희 아버지는 크게 화를 내시며 저를 쫓아내시는 바람에 갈 곳이 없이 이곳에서 지내게 되었습니다."

첫눈에 반하다 ☑

처음 본 순간 그 대상에게 마음이 끌림.

새단어

- **기원전** B.C. 公元前, 紀元前, trước công nguyên
- **계속되다** to be continuous, 持続, 続く, được tiếp tục
- **활발하다** to be active, 活跃, 活発だ, hoạt bát
- **허락** permission, 允许, 許諾, 許し, cho phép
- **쫓아내다** to kick out, 赶走, 追い出す, đuổi đi

이 이야기를 들은 *금와*는 *유화*를 데리고 자신의 궁궐로 돌아왔다. *유화*는 궁궐에서 예쁜 옷과 맛있는 음식을 먹으면서 지냈지만 행복하지 않았다. 하늘로 돌아간 *해모수*를 그리워했기 때문이다.

2 그러던 어느 날 강한 햇빛이 *유화*를 비추었다. *유화*는 깜짝 놀라 물러났지만 햇빛은 계속해서 *유화*를 비추며 따라왔다. 그리고 얼마 지나지 않아 *유화*는 임신을 하게 되었는데 사람이 아닌 커다란 알을 낳게 되었다.

이 소식을 들은 *금와*는 좋지 않은 일이 일어날지도 모른다고 생각하여 신하들에게 명령을 내렸다.

"*유화*가 낳은 알을 궁궐 밖으로 버려라."

*금와*의 명령대로 신하들은 그 알을 길에 버렸는데 알 수 없는 일들이 생겼다. 지나가는 소와 말도 그 알을 피해서 지나가고, 오히려 다른 짐승들이 그 알을 보호해 주기 시작했다. 게다가 흐린 날이나 비가 오는 날에도 그 알은 환하게 빛났다.

*금와*는 이 알을 하늘이 보호하고 있다는 것을 깨닫고 다시 *유화*에게 돌려주도록 했다. *유화*는 이 알을 이불로 감싸서 따뜻한 곳에 놓아 두었다. 며칠이 지나자 그 알을 깨고 건강한 남자 아이가 나왔다.

새단어

- **비추다** to shine, 映照, 照らす, chiếu sáng
- **피하다** to avoid, 避让, 避ける, tránh
- **보호하다** to protect, 保护, 保護する, bảo vệ
- **돌려주다** to return, 归还, 返す, trả lại
- **감싸다** to cover, wrap, 包起, 包み隠す, quấn quanh

백발백중 ☑

백 번 쏘아 백 번 맞힌다는 뜻

3 이 아이가 일곱 살이 되자 다른 아이들보다 몸이 튼튼하고 활을 쏘는 실력이 좋아 백발백중이었다. 이 당시에 활을 잘 쏘는 사람을 '주몽'이라고 불렀는데 *유화*의 아들도 '주몽'이라는 이름을 얻게 되었다.

한편 *금와*에게는 일곱 왕자가 있었는데 이 왕자들은 주몽의 능력이 자신들보다 뛰어나 언젠가 자신들의 자리를 빼앗을지도 모른다고 생각했다. 그래서 주몽을 몹시 미워했다.

4 하루는 일곱 왕자들과 주몽이 사냥을 나가게 되었는데 첫째 왕자가 주몽에게 말했다.

새단어

- **활을 쏘다** to shoot an arrow, 射箭, 弓を射る, bắn cung
- **실력** ability, 实力, 実力, năng lực
- **뛰어나다** to be excellent, 出众, 飛び抜ける, nhảy ra
- **미워하다** to hate, 讨厌, 憎む, ghét

"오늘 누가 사슴을 많이 잡는지 내기를 하자."

"좋습니다."

왕자들은 주몽을 이기기 위해 자신들의 부하를 데리고 사냥을 했는데 주몽은 혼자 사냥을 해야 했다. 저녁 때가 되어서 각자 잡은 사슴을 가지고 모였는데 혼자서 사냥을 한 주몽이 제일 많은 사슴을 잡았다. 화가 난 왕자들은 주몽이 잡은 사슴을 빼앗고 주몽을 나무에 꽁꽁 묶어 두고 자기들끼리 궁궐로 돌아왔다. 날이 어두어지자 주몽은 자신을 묶었던 나무를 뿌리째 뽑아 궁궐로 돌아왔다. 주몽이 돌아왔다는 소식을 들은 왕자들은 깜짝 놀랐다. 주몽이 짐승들의 먹이가 되어 죽을 줄 알았는데 나무까지 뽑아 들고 돌아왔기 때문이었다.

5 이대로는 안 되겠다고 생각한 왕자들은 _금와_에게 찾아가 주몽을 없애 버려야 한다고 말했다.

"아버님, 주몽을 지금 당장 없애 버려야 합니다. 이대로 주몽을 두었다가는 우리에게 큰 해가 될지도 모른단 말입니다."

하지만 _금와_는 고개를 저으며 아무 잘못도 하지 않은 주몽을 죽일 수는 없다고 딱 잘라 거절했다. 대신 주몽을 불러 목장에서 일을 하라고 말했다.

"주몽아, 왕자들이 너를 많이 질투를 하는구나. 그들의 질투가 사라지도록 당분간 목장에서 말을 돌보는 일을 하고 있어라."

☑ **고개를 젓다**

거절하거나 싫다는 뜻

☑ **딱**

아주 단호하게 끊는 모양

새단어

• **내기** a bet, 打赌, 賭け, sự cá cược, sự đánh cuộc
• **이기다** to win, 取胜, 勝つ, chiến thắng
• **묶다** to tie, 捆绑, 縛る, trói
• **뽑다** to pick, 拔, 抜く, nhổ
• **없애다** to eliminate, 除掉, 消す, 殺す, giết
• **당장** immediately, 马上, その場、すぐ, ngay lập tức
• **질투** jealousy, 嫉妒, 嫉妬, ghen
• **당분간** for the time being, 暂时, 当分間, tạm thời

주몽은 아무런 불평도 없이 목장에 가서 말을 키우는 힘든 일을 하기 시작했다.

그때 목장에 있는 말 중 자신의 눈에 들어온 말이 하나 있었다. 주몽은 이 말에게 일부러 먹이를 부족하게 주고 나머지 말들에게는 먹이를 넉넉하게 주었다. 주몽이 찍어 놓은 말은 점점 말라 갔다.

하루는 금와가 주몽이 일을 잘하고 있는지 살펴보러 목장에 찾아왔다. 금와가 살펴보니 다른 말들은 건강하게 잘 자라고 있는데 한 마리만 비쩍 말라 있었다. 금와는 그 말이 병이 들었다고 생각하고 주몽에게 주었다. 주몽은 속으로 몹시 기뻐하면서 금와가 돌아간 뒤로 그 말이 마음껏 먹이를 먹을 수 있게 해 주었다. 얼마의 시간이 흐르자 그 말도 다른 말들처럼 살이 찌고 건강해지기 시작했다.

비쩍 ☑

살이 없고 심하게 마른 모양

6 왕자들은 주몽을 없애려고 호시탐탐 기회를 노리고 있었다. 이 사실을 눈치 챈 유화는 주몽을 불러 부여를 떠나라고 말했다.

"이곳에 있으면 너의 목숨이 정말 위험할 것 같구나. 나와 네 아내는 이곳에 있을 테니 너는 당장 이곳을 떠나도록 해라. 우리와 함께 가면 얼마 가지도 못하고 잡히고 말 거야. 너의 능력과 재주라면 어디에서든지 잘 지낼 수 있을 테니 너의 뜻을 세울 수 있는 곳으로 가라."

호시탐탐 ☑

다른 사람의 것을 빼앗기 위해서 기회를 살펴보는 모양

새단어

- **불평** a complaint, 不满, 不偏, sự bất bình
- **일부러** intentionally, 故意, わざと, cố tình
- **살펴보다** to examine, 察看, 見る、探る, xem xét
- **마르다** to become thin, 瘦, やせ細る, khô
- **병이 들다** to get sick, 患病, 病気にかかる, mắc bệnh
- **마음껏** to one's satisfaction, 尽情, 心ゆくまで, hết mình
- **눈치 채다** to realize, 看出来, 気付く, tinh ý
- **목숨** life, 生命, 命, 生命, mạng sống
- **위험하다** to be dangerous, 危险, 危険だ, nguy hiểm
- **잡히다** to be caught, 被抓, 捕まる, bắt được
- **재주** talent, 才能, 才能, tài năng
- **뜻을 세우다** to set an aim, 立志, 志を立てる, xây dựng mục đích

"어머니, 저 때문에 이렇게 마음고생을 하시게 해서 정말 죄송할 따름입니다. 부디 건강하게 계셔 주세요."

주몽은 매우 슬펐지만 어쩔 수 없이 어머니와 아내를 남겨 놓고 자신을 따르는 부하 셋을 데리고 말을 타고 떠났다.

7 주몽이 달아났다는 소식을 들은 왕자들은 부하들을 이끌고 주몽을 뒤쫓았다. 남쪽으로 빠르게 도망가던 주몽은 큰 강이 가로막고 있어서 더 이상 앞으로 나갈 수 없게 되었다. 뒤로는 자신을 죽이러 오는 왕자들이 점점 더 가까워져 오고 강을 건널 수 있는 방법이 없자 주몽은 하늘을 보고 기도를 하기 시작했다.

"하늘의 신이여, 강의 신이여. 저는 하느님의 손주, 물의 신인 *하백*의 외손자입니다. 뒤로 왕자들이 저를 죽이러 쫓아오고 있습니다. 저를 버리지 마시고 살려 주세요."

주몽의 기도가 끝나자 눈 깜짝할 사이에 강물 위로 물고기 떼가 몰려와서 다리를 놓기 시작했다. 덕분에 주몽은 무사히 강을 건널 수 있었다. 뒤따라오던 왕자들은 눈앞에서 주몽을 놓치고는 발만 동동 구르다가 궁궐로 돌아가 버렸다.

왕자들을 피한 주몽은 부하들을 이끌고 '졸본'지역에 '고구려'라는 나라를 세우고 '고구려'의 첫 번째 왕이 되었다.

새단어

- **부디** please, 千万, どうか, nhất định
- **따르다** to follow, 跟随, 従う, theo
- **도망** escape, 逃跑, 逃げる, bỏ chạy
- **가로막다** to block, 阻挡, ふさぐ, 隔てる, chắn ngang

- **무사히** safely, 顺利地, 無事に, một cách tốt đẹp
- **나라를 세우다** to found a nation, 建立国家, 国を起こす, dựng nước

01 단어 이해하기

1 〈보기〉에서 알맞은 단어를 골라 문장을 완성하십시오.

> 보기
>
> 가로막다   허락   무사히   당장   잡히다

1) 주차장 입구를 큰 차가 _____ –아/어서 나갈 수가 없었다.

2) 그 사람이 어디에 숨었는지 알 수만 있으면 _____ 찾아갈 것이다.

3) 이 교실을 사용하려면 학교의 _____을/를 받아야 한다.

4) 다른 사람의 노트북을 가지고 도망가던 범인이 경찰에게 _____.

5) 비행기에 약간의 고장이 있었지만 _____ 도착할 수 있었다.

02 내용 이해하기

1 다음의 내용이 맞으면 O, 틀리면 X 하십시오.

1) 금와는 하백의 딸과 결혼했다. ( )

2) 활을 잘 쏘는 사람을 주몽이라고 불렀다. ( )

3) 일곱 왕자들은 주몽이 왕이 되어서 질투를 했다. ( )

4) 주몽을 일부러 좋은 말에게 먹이를 조금만 주었다. ( )

5) 주몽은 물고기들이 다리를 놓아 주어 무사히 도망칠 수 있었다. ( )

2 고구려에 대한 설명으로 알맞은 것을 고르십시오.

① 금와의 아들이 고구려를 세웠다.

② 고구려를 세운 사람은 알에서 태어났다.

③ 해모수는 유화와 결혼해서 고구려를 세웠다.

④ 북부여 나라가 있던 자리에 고구려를 세웠다.

이야기 돌아보기

1 여러분이 이 이야기의 주인공 '주몽'이었다면 어머니의 조언을 듣고 어떤 선택을 하겠습니까? 그 이유는 무엇입니까? 다음의 내용을 생각해 봅시다.

> 1) 어머니의 말대로 가족을 떠나 다른 지역으로 간다.
>
> | 이 선택을 한 이유는 무엇입니까? | |
> |---|---|
>
> 2) 어머니의 말을 듣지 않고 계속 부여에 남아 있는다.
>
> | 이 선택을 한 이유는 무엇입니까? | |
> |---|---|

2 여러분이 새로운 나라를 세우게 된다면 어떤 나라를 만들고 싶습니까? 여러분이 세우고 싶은 나라에 대해 간단히 써 보십시오.

정치	
경제	
교육	

★ 이야기에 나온 표현들을 공부해 봅시다.

동 -ㄴ/는다고 밝히다, 형 -다고 밝히다

개인이나 기관이 다른 사람들에게 알려지지 않은 사실이나 내용에 대해 알릴 때 사용합니다.

> 예 민호 씨는 자신이 지갑을 가져간 **범인이라고 밝혔다**.
>
> 정부는 내년에 전기료를 3% **인상하겠다고 밝혔다**.

연습 ※ 다음 대화를 완성하세요.

1) 가: 어제 리사 씨와 민수 씨가 다음 달에 _____.
   (결혼하다)

   나: 정말요? 두 사람이 언제부터 만났대요? 사귀는 줄도 몰랐어요.

2) 가: A회사가 2016년에 판매했던 제품의 불량을 인정하기로 했다면서요?

   나: 네, 그렇습니다. A회사가 2016년 제품을 다음 달부터 새 제품으로 _____.
   (교환해 주다)

3) 가: 서울시는 내년에 100명의 공무원을 새로 _____.
   (뽑다)

   나: 그래요? 공무원 시험을 준비하는 수험생들에게는 좋은 소식이 되겠군요.

동형 -(으)ㄹ 줄 알았다/몰랐다

어떤 상황에 대해 예측한 것과 다른 결과가 나타날 때 사용합니다.

> 예 마트가 이렇게 일찍 문을 **닫을 줄 몰랐어요**.
>
> 아기들 옷을 사러 갔는데 아기 옷이 그렇게 **비쌀 줄 몰랐어요**.

연습 ※ 다음 대화를 완성하세요.

1) 가: 바닷가라서 그런지 밤바람이 많이 차네요. 유라 씨는 왜 이렇게 옷을 얇게 입고 왔어요?

   나: 여름이라서 밤에 _____. 긴팔 옷을 하나 챙겨올 걸 그랬어요.
   (안 춥다)

2) 가: 음식이 이것밖에 없는 건가요? 너무 준비가 안 되어 있네요.

   나: 죄송합니다. 손님이 이렇게 많이 _____.
   (오다)

3) 가: 저는 수지 씨가 고기를 _____.
   (좋아하다)

   나: 저도 그런 줄 알았는데 수지 씨가 채식주의라서 고기를 안 먹는대요.

동 −ㄴ/는단 말이다, 형 −단 말이다

상대방이 모르고 있던 상황을 설명하면서 변명하거나 항의하면서 말할 때 사용합니다.
친하거나 가까운 사람에게 말할 때만 사용합니다.

> 예 빨리 서두르세요. 늦게 가면 표가 다 **팔린단 말이에요.**
>
> 제발 좀 조용히 해 주세요. 내일 중요한 시험이 **있단 말이에요.**

※ 다음 대화를 완성하세요.

1) 가: 미안해요. 제가 유라 씨 케이크인 줄 모르고 먹어 버렸어요.

　나: 어떡해요. 이거 이제는 안 _____.
　　　　　　　　　　　　　　　　　　　　(팔다)

2) 가: 방학 때까지도 영어학원에 다녀야 돼요? 좀 쉬면 안 돼요?

　나: 안 돼요. 영어 점수가 취직할 때 정말 _____.
　　　　　　　　　　　　　　　　　　　　　　　　　(중요하다)

3) 가: 우리 같이 밥 먹은 지도 너무 오래된 거 아니에요? 정말 너무해요.

　나: 미안해요. 그런데 일이 정말 _____. 다음 주말에 꼭 같이 먹어요.
　　　　　　　　　　　　　　　　　　　　(많다)

동 형 −(으)ㄹ 따름이다

오직 이것뿐이고 그 이상은 없음을 강조할 때 사용합니다.

> 예 매번 우리 때문에 고생하시는 부모님을 뵈면 늘 **죄송할 따름이에요.**
>
> 더운 날씨에도 불구하고 이사를 도와준 친구에게 **고마울 따름이에요.**

※ 다음 대화를 완성하세요.

1) 가: 이렇게 열심히 해도 알아주는 사람 없어요. 좀 쉬세요.

　나: 전 다른 건 바라는 건 없어요. 제가 맡은 일에 _____.
　　　　　　　　　　　　　　　　　　　　　　　　　(최선을 다하다)

2) 가: 아이가 대학에 합격했다면서요? 정말 좋으시겠어요.

　나: 제가 아이한테 해 준 게 없는 것 같은데 정말 _____.
　　　　　　　　　　　　　　　　　　　　　　　　　(미안하다)

3) 가: 어떻게 남의 집 앞에 쓰레기를 버리고 갈 수 있어요? 너무 화가 나시겠어요.

　나: 화가 난다기보다 _____.
　　　　　　　　　　　　　(황당하다)

이야기 속 한국어 사전

잘 자랄 나무는 떡잎부터 알아본다.

잘될 사람은 어릴 때부터 다른 사람과는 다른 가능성이 보인다는 의미입니다.

> 예 가: 김지은 선수는 어릴 때 스케이트를 시작한지 2년 만에 전국 대회에서 1등을
>   했대요.
>   나: 역시 **잘 자랄 나무는 떡잎부터 알아본다**고 하더니 어릴 때부터 뛰어난 선수
>   였군요.

군계일학(群鷄一鶴)

여러 사람들 중에 눈에 띄게 뛰어난 사람이라는 뜻입니다.

우리 아이가 학교에서 반 학생들과 함께 노래와 춤을 발표했는데 가장 눈에 띄는 모
습이 정말 **군계일학** 같았다.

이야기 속 문화

    한국의 건국 신화에는 알에서 태어난 특별한 인물에 대한 이야기들이 있다. 특히 고구려, 백제, 신라 중에서 고구려와 신라를 세운 인물은 알에서 태어난 왕이다. 고구려보다 약 20년 전에 나라를 세운 신라의 왕인 박혁거세도 알에서 태어났다고 전해지고 있다. 실제로 이 인물들이 알에서 태어난 것은 아니다. 그러나 나라가 처음 세워질 때에 자신의 나라가 다른 나라보다 뛰어나다는 사실을 강조하기 위해서는 자신의 나라를 세운 사람이 특별한 선택을 받은 인물이라는 점을 강조해야 한다. 둥근 알은 하늘의 태양과 닮았기 때문에 알에서 태어난 사람은 하늘의 선택을 받아 하늘에서 내려온 사람 곧, 신의 아들이라는 의미를 상징한다. 따라서 고구려, 신라의 건국 신화에서 첫 번째 왕이 알에서 태어났다고 하는 이야기가 전해지는 것은 자신의 나라의 특별함을 강조하기 위한 과정이라고 생각해 볼 수 있다.

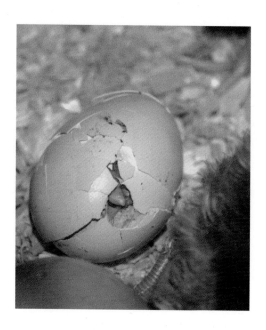

Story

10

반고와 여와 이야기

– 중국 신화 –

한 걸음   **문 열기**

01   이 세상의 처음 모습은 어떤 모습이었을까요?

02   인간은 어떻게 만들어졌을까요?

아시아에는 세상을 처음 만들게 된 여러 신화들이 있는데 이 신화는 중국의 신화 중 하나이다. 이 이야기를 보면 거인 *반고*와 여신 *여와*가 세상을 만들게 된 내용에 대해 살펴볼 수 있는데 이를 통해서 중국인들이 생각하는 세상의 처음 모습에 대해 알 수 있을 것이다.

1 이 세상이 생기기 전 우주는 하나의 알과 같았다. 그 알의 속은 하늘과 땅 등 모든 것이 뒤엉켜 있어 혼란스러운 상태였다. 그 알 같은 우주 속에 거인 *반고*가 잠들어 있었다. *반고*는 알 속에 갇혀서 18,000년 간 잠만 잤다. 그러던 어느 날 *반고*가 잠에서 깨어났다. *반고*가 하품을 하면서 눈을 떴지만 눈앞에 아무것도 보이지 않았다.

"왜 이렇게 답답하고 어둡지?"

눈앞은 온통 어둠뿐이었다. 알 속에서 답답함을 느낀 *반고*는 몸을 크게 뻗어 알을 깨뜨렸다. 그 순간 *반고*의 주변에 있던 우주의 기운들은 순식간에 둘로 쩍 갈라졌다. 맑고 가벼운 기운은 하늘이 되고 무거운 기운은 땅이 되었다.

"와! 신기하다."

> **쩍** ☑
> 대번에 크게 쪼개지거나 벌어지는 소리 또는 그 모양

새단어

- **우주** the universe, 宇宙, 宇宙, vũ trụ
- **뒤엉키다** to be entangled, 交织, 絡み合う, rối vào nhau
- **혼란스럽다** to be chaotic, 混乱, 混乱している、乱れている, rối ren
- **잠들다** to fall asleep, 睡着, 眠る, ngủ thiếp
- **갇히다** to be imprisoned, 被关, 閉じ込められる, bị nhốt
- **깨어나다** to wake up, 醒来, 覚める, tỉnh dậy

- **하품** yawn, 哈欠, あくび, ngáp
- **답답하다** to be stuffy, 闷, 息苦しい, khó chịu
- **어둡다** to be dark, 暗, 暗い, tối
- **뻗다** to stretch, 伸展开, 伸ばす, duỗi ra
- **기운** force, energy, 气, 力, khí lực
- **순식간에** in an instant, 瞬间, 瞬く間, trong vài phút giây
- **갈라지다** to be split, 分裂, 分かれる, bị chia rẽ
- **신기하다** to be amazing, 神奇, 不思議だ, kì lạ

2 반고는 하늘과 땅이 생기자 기분이 좋은 것도 잠시 걱정거리가 생겼다.

"이 하늘과 땅이 다시 예전처럼 붙어 버리면 어떻게 하지?"

자신이 잠에서 깨었을 때처럼 다시 온 세상이 어둠으로 가득차 버리거나 다시 하늘과 땅이 붙어 버릴까 봐 전전긍긍이었다.

그래서 반고는 자신의 머리로는 하늘을 떠받치고 발로는 땅을 눌러서 두 개가 다시 붙지 않도록 해야겠다고 결심했다. 반고가 받치고 있는 하늘은 하루에 한 장(약 3m)씩 높아져 갔고 땅은 하루에 한 장(약 3m)씩 내려앉았다. 그렇게 반고가 하늘과 땅을 받치고 있는 동안 반고의 키도 점점 자랐다.

☑ **전전긍긍**

몹시 두려워서 벌벌 떨며 조심하는 모습

3 하늘과 땅이 다시 붙어 버릴까 봐 걱정이 된 반고는 힘들어도 한눈팔지 않고 꿋꿋이 버텨 냈다. 그렇게 18,000년이라는 시간이 흘렀다. 긴 시간이 흐르자 더 이상 하늘과 땅은 너무도 멀리 떨어져 있었다.

"이 정도면 그만해도 되겠지? 그런데 너무 힘들어. 이제 더는 못 버티겠어."

긴 시간을 한 곳에서 버티던 반고는 힘이 모두 바닥나 그만 쓰러져 죽고 말았다. 그가 죽고 나자 그의 숨결은 바람, 구름, 안개가 되었고, 왼쪽 눈은 해가, 오른쪽 눈은 달이 되었다. 그의 몸과 손발은 산으로, 피는 강물이 되었다. 살은 논과 밭으로, 털은 나무, 풀, 꽃이 되었다. 그리고 그가 흘린 땀은 비와 이슬이 되었다.

☑ **한눈팔다**

봐야 할 곳을 안 보고 다른 곳을 봄.

새단어

- **걱정거리** concerns, 愁事, 心配事, điều lo lắng
- **예전** previous times, 以前, 以前, trước đây
- **떠받치다** to support from the bottom, 支撑, 支える, chống đỡ
- **누르다** to press, 压, 押さえる, ấn
- **꿋꿋이** firmly, 坚决地, 屈せずに, bền bỉ
- **버티다** to bear, 坚持, 耐える, chịu đựng
- **바닥나다** to use up, 用光, 底をつく, bị cạn kiệt

4 반고 덕분에 하늘과 땅이 구별되고 낮과 밤이 생겼다. 사람 머리에 뱀의 몸을 한 여신 *여와*는 혼자서 세상을 채우는 일을 해 나갔다. 그러나 혼자서 일을 할수록 *여와*는 너무 외롭고 심심했다.

"혼자서 이렇게 지내는 건 너무 외로워. 나랑 같이 놀아 줄 누군가가 없을까?"

*여와*는 깊은 고민에 빠져 한참을 생각하다가 무릎을 쳤다. 흙으로 자신과 닮은 작은 인형을 만들면 외롭지 않을 것이라고 생각했다. *여와*는 그 인형에다가 생명을 주고 '인간'이라고 부르기 시작했다. 이 인간들은 크기는 작았지만 *여와*의 얼굴을 닮았고 지혜로웠다.

*여와*는 자신의 만들어 낸 인간들을 보면서 흐뭇해했다. 그 뒤로 *여와*는 밤낮없이 쉬지 않고 인간들을 만들어 냈다.

무릎을 치다 ☑

갑자기 어떤 놀라운 사실을 알게 되었거나 잊었던 기억이 되살아날 때

밤낮없이 ☑

언제나 늘

새단어

- **구별되다** to be distinguished, 区分, 区別される, phân biệt được
- **채우다** to fill, 填满, 補う、満たす, lấp đầy
- **흙** soil, 土, 土, bùn
- **생명** life, 生命, 生命, sự sống
- **지혜롭다** to be wise, 智慧, 賢い, thông thái
- **흐뭇하다** to be satisfied, 欣慰, 満足だ、微笑ましい, mãn nguyện

142

5 그러나 아무리 *여와*가 열심히 만들어도 넓은 세상을 다 채우는 것은 여간 어려운 일이 아니었다. *여와*는 점점 지쳐갔다.

"아, 계속 앉아서 이 일만 할 수는 없잖아. 뭔가 좋은 방법이 없을까?"

계속 고민하던 *여와*는 긴 줄을 흙탕물에 푹 담갔다가 휘휘 돌렸다. 그러자 그 방울들이 여기저기 떨어지면서 모두 인간으로 변했다. 이렇게 *여와*가 만든 인간들로 세상은 가득찼다. 그러나 인간은 어느 때가 되면 생명을 다해서 계속 죽기 때문에 *여와*는 다시 고민에 빠졌다.

"인간을 계속 만들지 않는다면 결국 세상은 또 텅 비게 될 거야. 그렇다고 내가 인간이 죽을 때마다 만들어 낼 수도 없는데…. 어떻게 하면 될까?"

그때 *여와*는 인간이 남자와 여자로 나뉜다는 사실을 깨달았다.

"남자와 여자가 만나 아이를 낳으면 되지 않을까?"

이렇게 해서 인간은 남녀로 나뉘게 되었고 인간은 끊임없이 자식을 낳아 더이상 *여와*는 직접 인간을 만들지 않아도 되었다.

☑ 휘휘

여러 번, 감거나 감기는 모양

☑ 텅

속이 비어 아무 것도 없는 모양

새단어

- **줄** rope, 绳子, 縄, dây
- **흙탕물** muddy water, 泥水, 泥水, nước bùn
- **담그다** to put in water, 浸, 浸す, ngâm
- **돌리다** to twirl, 转动, 回す, quay
- **방울** drop, 滴, しずく, giọt
- **깨닫다** to realize, 领悟, 悟る, nhận ra
- **낳다** to birth, 生, 生む, sinh
- **나뉘다** to divide, 分成, 分かれる, được chia ra
- **끊임없이** incessantly, 不断, 絶え間なく, không ngừng

6 그러던 어느 날, 평화롭던 세상은 하늘을 받치고 있던 기둥이 무너지고 땅에서는 불이 나기 시작했다. 인간들이 살고 있는 세상은 순식간에 지옥처럼 변해 모든 생명이 사라질 위기에 처했다.

"하늘의 구멍이 났구나. 이대로 있으면 모두가 죽고 말 거야."

*여와*는 이 위기에서 인간들을 구해야겠다고 결심했다. *여와*는 강으로 달려가 다섯 가지 색의 돌을 골라 불을 피워 돌을 녹였다. 이렇게 녹인 돌로 하늘의 뚫린 구멍을 막기 시작했다. 하늘의 구멍을 막는 일은 생각했던 것보다 매우 어려운 일이었다. 그러나 *여와*는 끝까지 포기하지 않고 하늘의 구멍을 막아 냈다. 이때 사용한 하얀돌은 새벽빛이 되고, 파란돌은 낮의 하늘빛이 되고, 노란돌과 빨간돌은 저녁 노을빛이 되었다. 마지막으로 검은돌은 밤의 하늘빛이 되었다. 이렇게 하늘의 구멍을 막은 후 *여와*는 다시 땅이 무너져 내리는 것을 해결하기 위해 큰 거북을 잡아 왔다. 큰 거북의 네 다리를 잘라 땅의 네 군데 바닥을 버티게 했다.

새단어

- **평화롭다** to be peaceful, 宁静, 平和だ, thanh bình
- **무너지다** to collapse, 倒塌, 倒れる、崩れる, đổ
- **지옥** hell, 地狱, 地獄, địa ngục
- **위기에 처하다** to be endangered, 陷入危机, 危機に置かれる, đối mặt với nguy cơ
- **구멍** hole, 洞, 穴, lỗ thủng
- **불을 피우다** to start a fire, 生火, 火を付ける, đốt lửa
- **막다** to block, 堵, ふさぐ, ngăn
- **노을** a red sky, 彩霞, 朝焼け、夕焼け, hoàng hôn, ráng chiều

7 이렇게 *여와*가 하늘과 땅의 위기를 넘기는 동안 인간 세계에는 검은 용이 나타나 무서운 동물들과 함께 인간을 잡아먹고 괴롭히고 있었다. *여와*는 자신이 사랑하는 인간들을 괴롭히는 그들을 용서할 수 없었다. 용을 죽이고 나머지 맹수들은 쫓아내 버렸다.

세상은 다시 평화로워졌다. *여와*는 인간들이 사는 모습을 보면서 매우 흐뭇해했다. 그러다 인간들을 위해 한 가지 선물을 하기로 마음먹었다. '생황'이라는 악기를 만들었는데 입으로 불면 매우 아름다운 소리가 나오는 악기였다.

생황이 생긴 후 인간들은 한 곳에 모여 노래하고 춤을 추며 즐거운 시간들을 보냈다. 인간들의 세계에는 웃음소리가 끊이지 않았다.

더이상 인간들을 위해 할 일이 없던 *여와*는 다시 자신이 있던 하늘로 되돌아갔다.

새단어

• **잡아먹다** to hunt and eat, 吃, 取って食べる, bắt để ăn
• **괴롭히다** to bother someone, 折磨, 苦しめる, làm đau đớn

• **용서하다** to forgive, 饶恕, 許す, tha thứ
• **악기** instrument, 乐器, 楽器, nhạc cụ
• **불다** to blow/sing, 吹, 吹く, thổi

이야기 속 구경하기

01 단어 이해하기

1 〈보기〉에서 알맞은 단어를 골라 문장을 완성하십시오.

> 보기
>
> 한눈팔다   용서하다   전전긍긍   무릎을 치다   텅   어둡다

1) 친구는 자신이 한 거짓말을 사람들이 알게 될까 봐 ＿＿＿＿＿＿＿＿였다/이었다.

2) 요즘 길을 걸을 때 스마트폰에 ＿＿＿＿＿＿＿－(으)면서 걷다가 사고가 나는 경우가 많다.

3) 그동안 너무 바빠서 마트에 안 갔더니 냉장고가 ＿＿＿＿＿＿＿ 비었다.

4) 사장님은 회의에서 내 의견을 들으시더니 좋은 생각이라면서 ＿＿＿＿＿＿＿.

5) 부모님은 나에게 잘못을 솔직하게 말하면 ＿＿＿＿＿＿＿－겠다고 말씀하셨다.

02 내용 이해하기

1 다음의 내용이 맞으면 O, 틀리면 X 하십시오.

1) 제일 처음 하늘과 땅은 구분이 없었다. (　　　)

2) 반고는 자신이 알 속에 있었던 시간만큼 하늘과 땅을 받치고 있었다. (　　　)

3) 여와가 만든 인간은 영원히 살 수 있었다. (　　　)

4) 여와는 거북이 다리로 하늘의 구멍을 막아 인간을 구했다. (　　　)

5) 사람들은 자신들을 위기에서 구해준 여와를 위해서 악기를 선물했다. (　　　)

2 여와가 하늘의 구멍을 막은 다섯 가지 색의 돌은 무엇이 되었습니까?

1) 하얀색 ＿＿＿＿＿＿＿＿＿＿＿＿＿＿＿＿＿＿＿＿＿

2) 파란색 ＿＿＿＿＿＿＿＿＿＿＿＿＿＿＿＿＿＿＿＿＿

3) 노란색과 빨간색 ＿＿＿＿＿＿＿＿＿＿＿＿＿＿＿＿＿

4) 검은색 ＿＿＿＿＿＿＿＿＿＿＿＿＿＿＿＿＿＿＿＿＿

1 다음 그림을 보고 문장을 쓰십시오.

▶ _____

▶ _____

▶ _____

▶ _____

▶ _____

▶ _____

▶ _____

▶ _____

2 위의 문장을 정리해서 이야기를 짧게 요약해 보십시오.

이야기로 공부하기

★ 이야기에 나온 표현들을 공부해 봅시다.

동 −아/어 내다

어려운 과정을 이기고 스스로의 힘으로 어떤 결과를 이루게 되었을 때 사용합니다.

> 예 민수 씨는 어려운 가정형편에도 불구하고 결국 자신의 꿈을 **이루어 냈어요**.
> 우리 회사는 10년간의 연구 끝에 드디어 새로운 약을 **개발해 냈어요**.

연습 ※ 다음 대화를 완성하세요.

1) 가: 우리 회사가 다른 회사와의 경쟁에서 이겨 계약을 _____.
　　　　　　　　　　　　　　　　　　　　　　　　　　　　　　　　　　　(따다)

　 나: 6개월 동안 밤낮없이 노력하더니 결국 성공했군요.

2) 가: 올림픽에서 1등 하신 것 축하드립니다. 팬 여러분께 한 말씀 부탁드립니다.

　 나: 여러분의 응원 덕분에 제가 _____. 앞으로도 열심히 노력하겠습니다.
　　　　　　　　　　　　　　　　　　(하다)

3) 가: 그동안 주민들이 계속 반대했는데 어떻게 설득할 수 있었나요?

　 나: 동네에 주민들을 위한 편의시설을 세우기로 하고 주민들의 동의를 _____.
　　　　　　　　　　　　　　　　　　　　　　　　　　　　　　　　　　　　　　(얻다)

명 에다가

어떤 행동이 향하는 대상을 표현할 때 사용합니다.

> 예 저는 그날 할 일을 **휴대 전화에다가** 메모해 놓는 습관이 있어요.
> 마트에서 사 온 과일들은 **냉장고에다가** 좀 넣어 주세요.

연습 ※ 다음 대화를 완성하세요.

1) 가: 이 택배 상자는 어디에 둘까요?

　 나: 죄송하지만 저 책상 _____ 좀 놔 주시겠어요?
　　　　　　　　　　　　　　(위)

2) 가: 혹시 박 대리님 연락처 아세요?

　 나: 잠시만요. 제가 _____ 써 놓았어요.
　　　　　　　　　　　　　(수첩)

3) 가: 오늘 회식은 어디에서 하기로 했어요?

　 나: 제가 _____ 예약해 놓았어요. 7시까지 오세요.
　　　　　(회사 앞 식당)

여간 동형 –(으)ㄴ/는 것이 아니다

어떤 일이 보통의 상태가 아닌 뒤의 상황임을 강조하면서 표현할 때 사용합니다.

> 예 2년마다 이사를 한다는 것은 **여간 번거로운 것이 아닙니다**.
>
> 한국에서 채식주의자가 생활하기란 **여간 어려운 일이 아니에요**.

연습
※ 다음 문장을 완성하세요.

1) 가: 건강이 안 좋아져서 식습관을 고치려고 하는데 정말 어려워요.

나: 어른이 되어서 식습관을 바꾸기란 _____.
(어렵다)

2) 가: 요즘 정말 추운데 밖에서 일하느라 힘들죠?

나: 네, 맞아요. 요즘 같이 추운 날씨에 밖에서 일한다는 게 _____.
(힘들다)

3) 가: 식당 문을 열려고 이름을 고민 중인데 진짜 골치가 아파요.

나: 맞아요. 이름을 짓는 게 _____.
(머리가 아프다)

동 –는다면, 형 –다면

어떤 사실이나 상황을 가정하면서 뒤의 조건을 표현할 때 사용합니다.

> 예 두 사람이 **결혼한다면** 제가 텔레비전을 선물하겠어요.
>
> 10년 전으로 **돌아갈 수 있다면** 그 사람을 만나지 않을 거예요.

연습
※ 다음 대화를 완성하세요.

1) 가: _____ 뭘 하고 싶으세요?
(대통령이 되다)

나: 그런 일이 일어날 수 있을지 모르지만 저는 아이들의 교육을 위해 힘쓰고 싶습니다.

2) 가: 가수가 되는 것을 부모님이 계속 반대하시면 어떻게 할 거예요?

나: 부모님께서 정말 _____ 포기할 것 같아요.
(반대하다)

3) 가: 제가 전공을 하지 않았는데 드라마 작가가 될 수 있을까요?

나: 지금부터 하루도 빠지지 않고 _____ 가능해요.
(글을 쓰다)

천 리 길도 한 걸음부터

무슨 일이나 그 일의 시작이 중요하다는 뜻으로 아무리 힘들고 어려운 일이라도 하나씩 해 나가
야 한다는 의미입니다.

예 가: 통역사가 되려면 아무리 짧아도 5년은 공부를 해야 된다고 하는데 제가 할
수 있을까요?
나: **천 리 길도 한 걸음부터**라고 하잖아요. 시작은 어렵지만 노력하다 보면 좋
은 결과가 있을 거예요.

천신만고(千辛萬苦)

천 가지 매운 것과 만 가지 쓴 것이라는 뜻으로, 온갖 어려운 일을 다 겪으며 심하게 고생한다는 뜻
입니다.

예 두 남자는 추위와 배고픔을 견디고 **천신만고** 끝에 산 정상에 올랐다.

여와의 이야기를 보면 여와가 흙으로 인간을 만들고, 이후에는 새끼줄을 진흙에 담가 인간을 만들어 낸다는 내용이 있다. 이렇게 인간을 흙으로 만들었다는 내용의 창조 신화는 여러 나라의 신화에서 확인할 수 있다. 가장 대표적인 신화는 기독교의 성경에 나오는 내용으로 하나님이 세상을 창조할 때 흙으로 아담을 만든 것이다. 또한 알라스카의 에스키모인들은 신이 진흙으로 사람을 만들어 바닷가에 세워 두고 말린 다음 호흡으로 인간에게 생명을 불어 넣었다고 한다. 그 외에도 몽골, 아프리카, 오세아니아 등에도 신이 진흙으로 인간을 만들고 인간에게 생명을 주었다는 내용의 신화들이 전해지고 있다. 이렇게 인간을 흙으로 만들어 신이 생명을 주었다고 믿는 신화들이 존재하는 이유는 사람들은 인간이 죽어서 땅에 묻히고 흙으로 변하는 과정을 통해서 원래 인간이 시작되었던 흙으로 돌아간다고 믿었기 때문이다.

이자나기와 이자나미

- 일본 신화 -

한 걸음 문 열기

01 여러분은 사랑하는 사람에게 어떤 모습을 보여 주고 싶지 않습니까?

02 여러분 나라에는 나쁜 귀신을 쫓아내는 특별한 방법이 있습니까?

이 이야기는 일본이 처음 생기게 된 내용을 담은 신화이다. *이자나기*와 *이자나미*의 이야기를 통해서 일본 땅이 어떻게 생기게 되었는지 알 수 있고, *이자나기*의 아들, 딸들이 일본이라는 나라를 만들게 되는 과정을 알 수 있다.

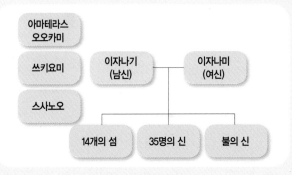

1 아주 옛날, 세상은 하늘과 땅조차 나뉘지 않고 폭풍이 치던 혼돈의 모습이었다. 이 모습을 보던 세 명의 신은 새로운 세상을 열기 위해서 여러 신을 탄생시켰다. 여덟 명의 신이 태어난 후에 남신인 *이자나기*와 여신인 *이자나미*가 한 쌍으로 태어났다. 신들은 *이자나기*와 *이자나미*에게 하늘의 창을 주며 세상을 만들게 했다.

"*이자나기*, *이자나미*야, 이 하늘의 창으로 바다에 떠 있는 땅을 잘 다스리도록 해라."

*이자나기*와 *이자나미*는 신들의 명령대로 하늘 구름다리에 서서 창으로 바다를 휘휘 저었다. 그때 창끝으로 물방울이 떨어지게 되었는데 떨어진 물방울이 섬이 되었다.

휘휘 ☑

이러저리 휘두르며 젓는 모양

새단어

- **과정** process, 经过, 過程, quá trình
- **폭풍이 치다** to have stormy weather, 刮暴风, 爆風が吹く, giông bão nổi
- **혼돈** chaos, 混沌, 混沌, hỗn loạn

- **탄생** birth, 诞生, 誕生, sinh ra
- **쌍** pair, 对, 双子, đôi
- **창** spear, 矛, 窓, lao
- **뜨다** to float, 浮, 浮かぶ, mọc lên

이자나기와 이자나미는 섬으로 내려와 집을 짓고 결혼을 해서 아이를 낳았다. 이때 낳은 아이는 일본의 14개 섬이 되었다. 섬들을 낳은 이자나기와 이자나미는 이 섬들을 다스릴 신을 낳기로 하였다. 돌과 땅의 신, 문의 신, 집을 보호하는 신 등 35명의 신을 낳았다.

2 그러던 어느 날 이자나미는 불의 신을 낳다가 몸에 불이 붙어 심하게 다치게 되었다. 그러나 심한 상처에도 불구하고 이자나미는 계속해서 신들을 만들어 내다가 결국 죽고 말았다.

죽은 아내를 잊지 못하고 이자나기가 울자 그 눈물에서 카구야마라는 신이 태어났다. 이자나기는 아내를 땅에 묻고 자신의 아내를 죽게 한 불의 신을 칼로 죽여 버렸다. 그럼에도 죽은 아내를 잊을 수 없었던 이자나기는 아내를 찾아 밤의 나라로 떠났다.

"이자나미, 어디에 있나요? 내가 당신을 데리러 왔는데……. 우리 어서 돌아갑시다."

"왜 당신은 좀 더 일찍 오지 않았나요? 저는 이미 밤의 나라의 음식을 먹어 버려서 이곳을 떠날 수 없어요."

이자나미는 자신을 찾아온 남편을 혼자 돌려보내는 것이 너무나 미안했기에 되돌아갈 수 있는 방법이 없는지 밤의 나라의 신에게 상의하기로 했다. 대신 남편에게는 다음과 같이 말했다.

새단어

- **다스리다** to lead, 管理, 治理, 統治する, cai trị
- **젓다** to stir, 搅拌, かき回す, chèo
- **와중** to be in the process of doing something, 当中, 渦中, trong lúc
- **돌려보내다** to return, 送回去, 戻してやる, gửi trả lại
- **상의하다** to discuss, 商量, 話す, bàn bạc

"밤의 나라의 신에게 돌아갈 방법이 있는지 알아보겠습니다. 단, 제가 돌아올 때까지 이곳에서 기다리되 제 모습을 절대로 봐서는 안 됩니다."

3 그렇게 말하고 *이자나미*가 사라진 사이, 기다림이 오래 되자 *이자나기*는 아내의 모습이 궁금하여 참을 수가 없었다. 그래서 왼쪽 머리에서 빗을 하나 빼서 불을 붙여 안으로 들어갔다. 그때 *이자나기*는 *이자나미*의 끔찍한 모습을 보고 깜짝 놀랐다. *이자나미*는 이미 죽은 시체였기 때문에 온몸이 썩어 가고 있었기 때문이다. 아무리 사랑하는 아내였지만 아내의 그런 모습을 보고 *이자나기*는 주춤주춤 뒷걸음질하다가 뒤도 안 돌아보고 도망쳐 버렸다.

주춤주춤 ☑

어떤 행동을 바로 하지 못하고 망설이는 모양

새단어

- **단** but, 但, ただ, tuy nhiên, nhưng
- **참다** to endure, 忍, 我慢する, chịu đựng
- **끔찍하다** to be terrible, 惨不忍睹, ひどい, khủng khiếp
- **시체** corpse, 尸体, 死体, thi thể
- **썩다** to rot, 腐烂, 腐る, bị thiu
- **뒷걸음질하다** to step backwards, 后退, 尻込みする, đi lùi

4 아내 *이자나미*는 자신과의 약속을 끝내 지키지 않고 도망쳐버린 *이자나기*의 그런 모습에 매우 화가 났다. 그래서 귀신들을 보내 *이자나기*를 잡아오도록 명령했다.

"당장 가서 *이자나기*를 잡아 오라!"

*이자나미*의 명령을 들은 귀신들은 *이자나기*를 바짝 쫓아가기 시작했다. *이자나기*는 도망치면서 자신의 오른쪽 머리에 있던 장식품을 귀신들을 향해 던졌다. 그러자 그 장식품은 놀랍게도 포도나무로 변했다. *이자나기*를 쫓아오던 귀신들은 눈앞에 생긴 포도를 그냥 지나치지 못하고 정신없이 먹었다. 포도를 다 먹어 치운 귀신들은 다시 *이자나기*를 쫓아 왔다. 이번에는 *이자나기*가 왼쪽의 빗을 뽑아 던졌다. 그러자 이번에는 그 빗이 대나무 줄기로 변했다. 귀신들은 또 대나무 줄기에 정신이 팔려 대나무 줄기를 먹느라 *이자나기*를 잡으러 가야 한다는 사실조차 잊어버렸다. 귀신들이 대나무 줄기를 먹는 동안 *이자나기*는 간신히 밤의 나라에서 멀어질 수 있었다.

☑ 바짝
매우 가까이 붙어 있는 모양

☑ 정신이 팔리다
자기가 해야 할 일을 잊을 정도로 다른 일을 생각함.

새단어

- **끝내** to the end, 最后, 最後まで, cuối cùng
- **귀신** ghost, 鬼, 鬼、霊, ma quỷ
- **던지다** to throw, 扔, 投げる, ném
- **간신히** with difficulty, 好不容易, 辛うじて, một cách khó khăn

5 *이자나기*가 귀신을 피해 멀리 도망가 버린 것을 안 *이자나미*는 화가 머리 끝까지 날 지경이었다. 그래서 이번에는 밤의 나라 군대를 보내 *이자나기*를 잡아오도록 했다.

"이번에는 반드시 *이자나기*를 밤의 나라로 잡아오고야 말겠다."

쉬지도 않고 달리던 *이자나기*는 저 멀리 복숭아 나무가 보이자 한숨을 돌리며 그곳에서 쉬어야겠다고 생각했다. 그런데 언제 쫓아왔는지 밤의 나라 군인들이 자신에게 가까워져 오자 복숭아를 따서 군인들에게 던졌다. 그랬더니 군인들이 갑자기 혼비백산하면서 사방으로 도망쳐 버렸다.

*이자나기*는 자신을 위험에서 구해준 복숭아에게 이렇게 말했다.

"복숭아야, 네가 나를 위험에서 구해 주었구나. 지금의 나를 도와주었듯이 앞으로도 사람들이 고통스러워 할 때마다 도와주어라."

이때부터 복숭아는 안 좋은 귀신을 쫓아내는 신비로운 과일이 되었다고 한다.

6 한편, 밤의 나라의 강한 군대를 보냈음에도 불구하고 군대마저도 *이자나기*를 붙잡지 못하자 이번에는 *이자나미*가 직접 *이자나기*를 쫓아왔다. 그러나 *이자나기*는 밤의 나라와 세상의 경계에 커다란 바위를 놓아 어느 쪽으로도 오고 갈 수 없게 만들어 버렸다. *이자나미*는 그런 *이자나기*를 원망하며 말했다.

한숨을 돌리다 ☑

힘든 시간을 넘기고 약간의 여유를 가짐.

혼비백산 ☑

몹시 놀라서 정신이 없어 어찌 할지 모른다는 뜻

새단어

- **고통스럽다** to be painful, 痛苦, 辛い、苦痛, đau khổ
- **신비롭다** to be mysterious, 神秘, 神秘的な, thần bí
- **경계** border, 界限, 境界, cảnh giới
- **원망하다** to resent, 埋怨, 恨む, thù hận

"사랑하는 *이자나기*여, 당신이 계속 도망친다면 나는 당신 나라의 사람들을 하루에 1000명씩 죽이겠어요."

그러자 *이나자기*는 "당신이 그렇게 한다면 나는 하루에 1500명을 태어나게 할 거예요."라고 말했다.

이렇게 해서 세상의 사람들은 하루에 1000명씩 죽게 되고 1500명의 사람들이 태어나면서 세상의 사람들이 늘어나기 시작했다.

7 드디어 밤의 나라에서 완전히 빠져나온 *이자나기*는 몹시 피곤했다.

"죽은 사람들과 접촉한 몸을 그대로 둘 수는 없지. 그러니 몸을 깨끗이 씻어내야겠다."

그래서 *이자나기*는 맑고 깨끗한 물에 몸을 담그고 자신의 몸을 깨끗이 씻어 냈다. *이자나기*가 물에 몸을 담그자 많은 신들이 태어났다.

*이자나기*가 왼쪽 눈을 씻어내자 태양의 여신인 '아마테라스 오오카미'가 태어났다. 이 신은 이후에 일본 최고의 신이 되어 일본을 지배하게 되었다. 다시 오른쪽 눈을 씻자 이번에는 달의 여신인 '쓰키요미'가 태어났다. 그리고 코를 씻자 '스사노오'라는 폭풍의 신이 태어났다.

이후 *이자나기*는 아마테라스 오오카미에게는 하늘의 세계를, 쓰키요미에게는 밤의 세계를, 스사노오에게는 바다를 다스리게 하였다.

새단어

• **완전히** completely, 完全, 完全に, hoàn toàn
• **빠져나오다** to get out of, 逃出来, 抜け出す, thoát ra
• **접촉하다** to come in contact, 接触, 接触する, tiếp xúc
• **지배하다** to rule over, 统治, 支配する, điều khiển

이야기 속 구경하기

01 단어 이해하기

1 〈보기〉에서 알맞은 단어를 골라 문장을 완성하십시오.

> 보기
>
> | 뜨다 | 젓다 | 상의하다 | 끔찍하다 |
> |---|---|---|---|
> | 한숨을 돌리다 | 간신히 | 원망하다 | |

1) 수영을 배우고 있는데 물에 ＿＿＿＿＿＿ 것이 여간 어려운 것이 아니다.

2) 저는 중요한 일을 결정하기 전에 꼭 부모님과 ＿＿＿＿＿＿.

3) 골치 아픈 계약 문제도 해결해서 이제는 ＿＿＿＿＿＿ －(으)ㄹ 수 있다.

4) 어릴 때는 가난한 집에서 태어나게 한 부모님을 ＿＿＿＿＿＿ －(으)ㄴ데 지금은 부모님께 감사드려요.

5) 이번 시험이 너무 어려워서 ＿＿＿＿＿＿ 통과할 수 있었다.

02 내용 이해하기

1 다음의 내용이 맞으면 O, 틀리면 X 하십시오.

1) 이자나기와 이자나미는 14명의 신을 낳았다. （ ）

2) 이자나미는 불의 신을 낳다가 몸에 불이 붙었다. （ ）

3) 귀신들은 포도를 무서워해서 이자나기를 피해 도망갔다. （ ）

4) 이자나미는 도망치는 이자나기 때문에 하루에 1000명을 죽게 만들었다. （ ）

5) 이자나기가 낳은 태양의 신이 일본을 다스리게 되었다. （ ）

2 이자나기가 물에 몸을 담가 씻은 이유는 무엇입니까?

① 밤의 나라의 군인들에게서 도망치기 위해서

② 더 많은 신들을 낳아서 밤의 나라 군대와 싸우기 위해서

③ 죽은 사람과 만난 몸이기 때문에 깨끗하게 지우기 위해서

④ 이자나미가 더 이상 인간 세상에 오지 못하게 하기 위해서

1 다음 그림을 보고 문장을 쓰십시오.

▶ _____

▶ _____

▶ _____

▶ _____

▶ _____

▶ _____

▶ _____

▶ _____

2 위의 내용으로 이야기를 짧게 요약해 보십시오.

이야기로 공부하기

★ 이야기에 나온 표현들을 공부해 봅시다.

동 -되

앞의 일은 인정하면서 그에 대한 조건을 제시할 때 사용합니다.

> 예 아이의 잘못을 **야단치되** 크게 소리 지르거나 때려서는 안 됩니다.
>
> 아낄 건 **아끼되** 자신이 가치를 두는 곳에는 돈을 쓰는 젊은이들이 늘고 있습니다.

연습 ※ 다음 대화를 완성하세요.

1) 가: 선생님 꼭 커피를 끊어야 되나요?

　 나: 아니요, 단, 커피를 ＿＿＿＿＿＿＿ 하루에 두 잔 이상 드시면 안 됩니다.
　　　　　　　　　　　 (마시다)

2) 가: 엄마, 저는 축구 선수가 되고 싶어요. 허락해 주세요.

　 나: 그래 좋아. 하고 싶은 일을 ＿＿＿＿＿＿＿ 그 결과도 네가 책임져야 돼.
　　　　　　　　　　　　　　 (하다)

3) 가: 여기에서 음식을 좀 먹어도 될까요?

　 나: 네, 단 음식을 ＿＿＿＿＿＿＿ 먹은 후에 쓰레기는 반드시 치우세요.
　　　　　　　　　 (먹다)

동 -아/어 치우다

어떤 행동을 매우 쉽고 빨리 해 버릴 때 사용합니다.

> 예 하기 싫은 일일수록 빨리 **해 치우는** 게 나아요.
>
> 민수는 배가 고팠는지 순식간에 피자 한 판을 **먹어 치웠어요.**

연습 ※ 다음 대화를 완성하세요.

1) 가: 이 설거지 좀 도와 줄 수 있어요?

　 나: 그럼요, 이건 제가 빨리 ＿＿＿＿＿＿＿-(으)ㄹ테니까 잠깐 앉아서 쉬세요.
　　　　　　　　　　　　 (하다)

2) 가: 여름이라서 그런지 음식물 쓰레기를 버리는 것도 일이에요. 냄새가 너무 나요.

　 나: 맞아요. 그래서 음식은 먹을 만큼만 만들어서 빨리 ＿＿＿＿＿＿＿는 게 좋아요.
　　　　　　　　　　　　　　　　　　　 (먹다)

3) 가: 요즘 김지석 선수가 정말 뛰어난 실력을 보이고 있는 것 같아요.

　 나: 맞아요. 매 경기마다 본인의 기록을 계속 ＿＿＿＿＿＿＿-고 있어요.
　　　　　　　　　　　　　　　　　 (갈다)

동형 -(으)ㄹ 지경이다

어떤 일의 상태나 정도를 강조할 때 사용합니다.

> 예 어제 등산을 어찌나 열심히 했던지 몸살이 **날 지경이에요.**
>
> 사장님의 옛날 이야기를 얼마나 자주 들었는지 이제는 모두 **외울 지경이에요.**

연습

※ 다음 문장을 완성하세요.

1) 가: 요즘에도 옆집이 시끄러워요?

나: 네, 밤마다 어찌나 시끄럽게 노래를 부르는지 ＿＿＿＿＿＿＿＿＿＿.
(잠을 못 자다)

2) 가: 요즘 사건, 사고 뉴스가 너무 많아서 뉴스를 보는 게 겁이 나요.

나: 맞아요. 정말 뉴스를 보는 게 ＿＿＿＿＿＿＿＿＿＿.
(무섭다)

3) 가: 지희 씨가 서준 씨 비밀을 말한 거예요? 서준 씨가 정말 크게 화를 내던데요.

나: 정말 제가 한 거 아니에요. 저도 너무 화가 나고 억울해서 ＿＿＿＿＿＿＿＿＿.
(눈물이 나다)

동 -고야 말겠다

말하는 사람이 어떤 일을 반드시 이루겠다는 의지를 표현할 때 사용합니다.

> 예 이번에는 반드시 시험에 **합격하고야 말겠어요.**
>
> 열심히 돈을 모아서 꼭 집을 **사고야 말겠어요.**

연습

※ 다음 대화를 완성하세요.

1) 가: 올해는 꼭 ＿＿＿＿＿＿＿＿＿＿,
(담배를 끊다)

나: 저도 매년 그런 결심을 하는데 쉽지가 않더라고요. 이번에는 꼭 성공하세요.

2) 가: 올림픽에 나가시기 전에 국민들께 각오 한 마디 해 주세요.

나: 이번에는 꼭 금메달을 ＿＿＿＿＿＿＿＿＿＿. 많은 응원 부탁드립니다.
(따다)

3) 가: 내일은 꼭 완성된 서류를 사장님께 제출해야 합니다.

나: 네, 알겠습니다. 밤을 새워서라도 반드시 ＿＿＿＿＿＿＿＿＿＿.
(완성하다)

믿는 도끼에 발등 찍힌다.

성공할 거라고 생각했던 일에 실패하거나 믿었던 사람에게 배신을 당했을 때 사용합니다.

예 가: 지영 씨가 회사 비밀 자료를 상대편 회사에 넘겼다면서요?

나: 네, **믿는 도끼에 발등 찍힌다**고 하더니 그 사람이 우리한테 그럴 줄은 몰랐어요.

구사일생(九死一生)

아홉 번 죽을 뻔하다가 한 번 살아난다는 뜻으로 죽을 고비를 여러 번 넘기고 겨우 살아났다는 의미입니다.

예 전쟁에서 총을 맞은 군인이 **구사일생**으로 살았다.

이자나기가 밤의 나라의 군대를 쫓아내기 위해 던진 과일이 복숭아다. 일본에서뿐만 아니라 한국과 중국에서는 제사를 지낼 때 복숭아를 상에 올리지 않는다. 이것은 중국의 도교에서 유래한 풍습 때문이다. 도교에서 복숭아는 장수의 상징이었는데 돌아가신 조상을 부르는 제사에 복숭아를 올려 놓는 것은 조상이 오지 못하게 하는 의미와 같다. 또한 복숭아나무는 귀신을 쫓아내거나 안 좋은 일을 쫓는 데 사용하기도 한다. 이 외에도 붉은 팥 역시 귀신을 쫓는다고 생각해서 동지에 팥죽을 만들어 먹는 풍습도 있다. 이러한 문화는 중국의 공공 씨 아들이 동짓날에 죽어 전염병을 퍼트리는 귀신이 되자, 그 아들이 가장 싫어하는 붉은 색 팥으로 음식을 만들어 그를 쫓은 것에서 시작되었다고 한다.

Story

12

라마야나

– 인도 신화 –

한 걸음 **문 열기**

01 만약 '신'이 한 가지 능력을 여러분에게 준다면 어떤 능력을 달라고 하겠습니까?

02 여러분에게 **01**의 능력이 생긴다면 가장 먼저 무엇을 하겠습니까?

이 이야기는 인도의 많은 신화들 중 인도를 대표하는 라마야나라는 신화이다. *라마야나*라는 신이자 영웅인 한 인물의 일생에 대한 이야기로 유명한데, 여기에서는 *라마야나*가 인간 세계에 오게 된 과정과 부인인 *시타*를 만나게 된 과정이 담겨 있다. 이 *라마야나*는 인도를 대표하는 신화지만 인도뿐만 아니라 주변의 여러 나라로 전해져서 오늘날까지 전해지고 있다.

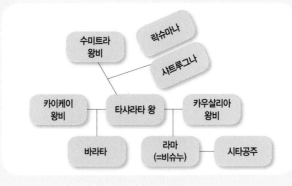

1 오래전 *라바나*라는 왕을 매우 예뻐한 최고의 신 *브라흐마*는 그에게 매우 감동하여 소원을 하나 들어주겠다고 말했다. 그러자 *라바나*는 영원히 죽지 않게 해 달라고 소원을 빌었다. 그러나 *브라흐마*는 그 소원만은 들어줄 수 없다며 그 소원만 빼고는 뭐든지 들어주겠다고 말했다.

"그럼, 제게 신과 악마, 그 누구와 싸워도 지지 않을 그런 힘을 제게 주세요."라고 소원을 빌었다. *브라흐마*는 그의 소원이 위험하다는 것을 알았지만 본인 스스로 약속했기 때문에 들어줄 수밖에 없었다.

새단어

- **영웅** a hero, 英雄, 英雄, anh hùng
- **일생** lifetime, 一生, 一生, một đời
- **감동** deep emotion, 感动, 感動, cảm động
- **영원히** forever, 永远地, 永遠に, mãi mãi
- **빌다** to wish, 祈求, 祈る, cầu chúc

이미 뛰어난 외모, 재능에 권력까지 가지고 있던 *라바나*에게 신과 싸워도 신조차 죽이지 못하는 절대 능력이 생기게 되자 *라바나*를 막을 수가 없었다. 인간 세계는 물론 신의 세계까지도 침범하려고 들었다. 이런 *라바나* 때문에 신들은 견딜 수 없게 되었다. 더는 *라바나*의 행동을 참을 수 없었던 신들이 모여 최고의 신 *브라흐마*를 찾아가 부탁을 했다.

2 "최고의 신이시여, *라바나*가 신께서 내리신 은총으로 신의 영역까지 침범하고 있습니다. 부디 그에게 내리신 은총을 거두어 주세요."

그러나 *브라흐마*는 한 번 약속한 일을 취소할 수 없다며 거절했다.

그러자 신들은 또 다른 최고의 신인 *비슈누*를 찾아가 그간의 어려운 사정을 말했다.

"걱정하지 마라. 방법이 없는 것은 아니다. *라바나*는 브라흐마에게 신과 악마 그 누구와 싸워도 지지 않게 해 달라고 했지만, 인간과 짐승을 이야기하지는 않았다. 인간이나 짐승쯤이야 이길 수 있다고 생각했겠지. 그러나 우리가 인간이나 짐승의 모습을 하고 싸운다면 이길 수 있을 것이다."

그렇게 하여 *비슈누*는 인간 세계로 들어가기로 결심했다. 그 무렵 오랫동안 자식이 없어 간절히 기도를 드리던 *다샤라타* 왕의 기도를 들은 *비슈누*는 그의 첫째 아들로 인간 세계로 들어왔다.

새단어

- **외모** apperance, 外貌, 外見, ngoại hình
- **재능** ability, 才能, 才能, tài năng
- **침범하다** to invade, 侵犯, 侵害する, xâm phạm
- **견디다** to bear, 忍受, 耐える, chịu đựng
- **은총** care, 恩賜, 恩寵、恵み, ân sủng
- **거두다** to harvest, 收回, 取り下げる, thu gom
- **사정** circumstances, 情況, 事情, sự tình
- **짐승** a beast, 兽, 獣, động vật
- **기도** a prayer, 祈祷, 願い, sự cầu nguyện

3 *코살라* 왕국의 *다샤라타* 왕은 오랫동안 자식이 없어 걱정, 근심이 끊이지 않았다. 그러나 하늘에 정성을 다해 제사를 드린 덕분에 네 명의 자식을 얻게 되었다. 첫째 왕비와의 사이에서 첫째 왕자 *라마*를 얻었다. 둘째 왕비에게서는 *바라타* 왕자를, 셋째 왕비에게서는 쌍둥이 형제를 얻었다. 이 중 *라마*는 어릴 때부터 바르고 무술도 잘해서 눈에 띄는 아이였다.

> 눈에 띄다 ☑
>
> 다른 것에 비해 더 드러남.

*라마*가 열여섯 살이 되던 해, *코살라* 왕국을 방문한 스승 *비슈바미트라*는 마녀 *타타카*를 없애기 위해 *라마*를 데려가고 싶다고 말을 했다. *다샤라타* 왕은 잠시 고민을 했지만 *라마* 왕자가 가야 한다는 하늘의 뜻을 알기에 허락할 수밖에 없었다. *라마*는 아버지에게 인사를 하고 셋째인 *락슈마나*와 함께 *비슈바미트라*와 함께 길을 떠났다.

4 두 왕자는 *비슈바미트라*와 함께 *타타카*가 살고 있는 숲에 도착했다. 그동안 지나온 숲들과는 다른 기운이 있는 곳이었다.

"이곳은 한때는 평화로운 곳이었지만 *타타카*가 이곳을 파괴하고 나쁜 행동을 하기 일쑤여서 사람들이 벌벌 떨고 있다."

> 벌벌 ☑
>
> 추위, 두려움 등으로 몸을 자꾸 떠는 모양

스승은 *타타카*에 대한 이야기를 두 왕자에게 전해 주었다. *라마* 왕자는 이 숲을 파괴하는 *타타카*에게 화가 나긴 했지만 여자인 *타타카*와 싸워야 한다는 사실이 고민스러웠다. 그러나 스승은 악과 싸우기 위해서는 여자라고 싸움을 피해서는 안 된다고 *라마*를 설득했다.

새단어

- **근심** worry, 忧愁, 心配、懸念, sự lo lắng, sự băn khoăn
- **제사** ancestral ritual, 祭拜, 祭祀, cúng giỗ
- **쌍둥이** twins, 双胞胎, 双子, sinh đôi
- **무술** martial arts, 武术, 武術, võ thuật
- **방문하다** to visit, 来访, 訪問する, đi thăm, đến
- **파괴하다** to destroy, 破坏, 破壊する, phá hủy

결국 *라마*는 활을 들어 올려 *타타카*의 심장을 향해 쏘았다. 그 순간 *타타카*는 힘없이 픽 쓰러지고 말았다. 스승은 *라마*를 칭찬하며 *라마*에게 자신이 가지고 있는 모든 지혜와 우주의 힘을 불러모을 수 있는 신의 무기를 전해 주었다.

> ☑ 픽
>
> 힘없이 쓰러지는
> 소리. 모양

"이제 너는 정의를 지키는 자가 될 것이다."라고 *비슈바미트라*는 예언을 하였다.

5 *비슈바미트라*와 두 왕자는 *코살라* 왕국으로 돌아오는 길에 한 나라에 들르게 되었다. 그곳에서 *시타* 공주의 신랑감을 고르는 경연 대회가 열리고 있었다.

새단어

- **쓰러지다** to collapse, 倒下, 倒れる, ngã
- **지혜** wisdom, 智慧, 知恵, trí tuệ
- **무기** a weapon, 武器, 武器, vũ khí
- **정의** justice, 正义, 正義, tình nghĩa
- **예언** a prophecy, 预言, 予言, lời tiên tri

시타 공주는 왕이 꿈에서 땅의 여신의 말대로 밭에서 일을 하다가 발견하게 된 아이로 매우 착하고 아름다워 왕의 사랑을 한 몸에 받고 자랐다. 시타 공주의 아름다움은 세상 누구와도 비교가 안 될 정도였다. 이런 공주를 차지하기 위해 이 나라에는 많은 사람들이 모여 들었다.

이 왕에게는 조상들로부터 전해지던 활이 하나 있었는데 그 누구도 그 활을 쏘기는커녕 들어 올리지도 못하고 있었다. 그래서 왕은 그 활을 다룰 수 있는 사람을 시타 공주의 짝으로 맞이해야겠다고 결심하고 경연 대회를 연 것이다.

경연 대회가 시작되었지만 역시나 그 누구도 성공하지 못하고 있었다. 그때 라마 왕자가 경연장에 들어섰다. 라마 왕자가 타타카를 물리친 소문을 이미 들어 알고 있던 사람들은 라마 왕자의 등장에 모두 놀라서 숨죽이고 지켜보게 되었다.

요지부동 ☑

아무리 힘을 주어도 조금도 움직이지 않음.

라마 왕자는 거대한 활을 쥐고 천천히 들어 올렸다. 그전까지는 요지부동이던 활이 움직이기 시작했다. 그리고 라마 왕자는 천천히 활을 잡아당겼다. 그러자 활이 부러지고 말았다.

그 경연 대회에서 1등을 한 라마 왕자는 세상에서 제일 아름다운 시타 공주를 신부로 맞이하게 되었다. 사실 라마 왕자와 시타 공주는 비슈누와 락슈미라는 신으로 이미 하늘에서부터 부부 사이였다. 인간으로 다시 태어난 후에도 둘은 부부로 다시 만나게 된 것이다.

새단어

- **한 몸에 받다** to recieve all of, 集于一身, 一身に受ける, tất cả tập trung vào một
- **조상** ancestor, 祖先, 祖先, tổ tiên
- **다루다** to handle, 操作, 異なる、違う, đối xử
- **맞이하다** to accept, 迎娶, 迎える, đón tiếp
- **물리치다** to defeat, 击退, 撃退する, đánh tan
- **숨죽이다** to be silent, 屏住呼吸, 息を殺す, nín thở
- **거대하다** to be enormous, 巨大, 巨大だ, to lớn
- **잡아당기다** to pull, 拉, 引っ張る, nắm lấy kéo đi
- **부러지다** to break, 折断, 折れる, bị gãy, bị vỡ

6 *라마*가 결혼을 하자 *다샤라타* 왕은 세월의 흐름을 느끼고 이제 왕의 자리는 *라마*에게 물려주고 자신은 내려올 때가 되었다고 생각했다. *다샤라타* 왕은 신하들에게 자신의 뜻을 밝힌 뒤 *라마* 왕자를 불렀다.

"*라마*야, 나는 이제 왕의 자리에서 물러나고 너에게 이 나라를 맡기기로 했다. 그러니 왕이 될 준비를 하도록 해라."

"아버님, 저는 아직 왕이 되기에 부족함이 많습니다. 그건 있을 수 없는 일입니다."

여러 차례 *라마* 왕자는 거절을 했지만 왕의 뜻이 너무나 확고했기 때문에 왕의 뜻을 받아들일 수밖에 없었다.

라마 왕자가 곧 왕이 될 거라는 소식은 삽시간에 퍼져 나갔다. 이 소식을 들은 둘째 왕비의 시녀는 왕비에게 이간질을 하기 시작했다.

"왕비님, 이렇게 손을 놓고 계실 때가 아닙니다. *라마* 왕자님이 왕이 되시면 우리 *바라타* 왕자님은 찬밥 신세가 되는 건 물론이고 목숨까지도 어떻게 될지 알 수 없습니다."

귀가 얇은 왕비는 그 말에 넘어가서 시녀가 시키는 대로 왕에게 자신의 아들인 *바라타* 왕자에게 왕의 자리를 물려달라고 부탁했다. 예전에 왕비가 왕의 목숨을 구해 주었을 때 왕은 왕비에게 두 가지 소원을 들어주겠다고 약속을 한 적이 있었기 때문이다.

☑ **손을 놓다**

하던 일을 그만 두거나 아무것도 안 하고 가만히 있음.

☑ **찬밥 신세**

아무 관심을 끌 수 없는 상태

☑ **귀가 얇다**

남의 말을 쉽게 따름.

새단어

- **물려주다** to pass on, 传给, 讓る, truyền lại
- **물러나다** to step aside, 退下, 退く, lùi lại
- **맡기다** to entrust, 交给, 任せる、委ねる, giao phó
- **확고하다** to be firm, 坚定, 揺ぎない, vững chắc
- **삽시간** in an instant, 瞬间, 瞬く間, phú chốc
- **퍼지다** to spread out, 传开, 広まる, mở rộng ra
- **이간질** to alienate, 挑拨离间, 離間, sự li gián

"예전에 왕께서는 저에게 두 가지 소원을 들어준다고 하셨지요? 제 소원은 첫째, *바라타*에게 왕위를 물려주세요. 둘째, *라마* 왕자를 숲으로 보내 14년간 이곳으로 돌아오지 못하게 해 주세요."

왕은 왕비의 말을 듣고 몹시 분노했지만 거부할 수는 없었다. 왕의 약속은 반드시 지켜져야 하는 것이었기 때문에 왕은 들어줄 수밖에 없었다.

"내가 내 발등을 찍고 말았구나. 어떻게 왕비의 입에서 저런 이야기가 나올 수 있는지…… 이제 와서 후회한들 무슨 소용이 있단 말인가."

이튿날 *라마* 왕자는 왕의 명령대로 아내 *시타*와 *락슈마나* 왕자를 데리고 숲으로 떠나게 된다. *다사라타* 왕은 사랑하는 아들이 자신 때문에 떠나게 되자 그 슬픔을 못 이기고 시름시름 앓다가 결국 눈을 감았다.

이 소식을 들은 *바라타* 왕자는 신발을 신는 둥 마는 둥하며 왕국으로 급하게 돌아왔다. 아버지가 돌아가셨다는 것도 놀랐지만 자신이 첫째인 *라마* 왕자 대신 왕이 되었다는 소식을 듣고 매우 충격을 받았다. 그것도 자신의 어머니 때문에 그렇게 되었다는 것을 안 *바라타* 왕자는 자신의 어머니와 인연을 끊겠다고 선언했다. 그리고 왕비의 시녀를 왕국 밖으로 쫓아내 버렸다.

제 발등을 찍다 ☑

다른 사람을 해칠 생각으로 한 일이 자신에게 안 좋은 일로 돌아옴.

시름시름 ☑

병의 증상이 좋아지지 않고 오래 동안 계속 되는 모양

눈을 감다 ☑

사람이 죽음.

새단어

- **앓다** to suffer from illness, 患病, 病を患う, bệnh
- **충격** shock, 冲击, 衝撃, sốc
- **인연을 끊다** to break off relations, 断绝关系,
　　　　　緣を切る, cắt đứt nhân duyên

- **선언하다** to declare, 宣布, 宣言する, tuyên bố

7 아버지의 장례를 치르고 *바라타* 왕자는 *라마* 왕자를 모셔 오기 위해 숲으로 그를 찾아 나섰다.

숲에서 *라마*를 만난 *바라타* 왕자는 아버지의 죽음을 전하며 왕국으로 돌아가 왕위에 오를 것을 청했다.

"형님, 이제 왕국으로 돌아가 왕위에 오르십시오. 그 자리는 제 것이 아닙니다."

그러나 *라마* 왕자는 그의 부탁을 단칼에 거절했다.

"나는 아버지의 말씀을 따라 14년간 왕국으로 돌아가지 않을 것이다. 네가 왕이 되는 것이 아버지의 약속이셨으니 우리는 그것을 따라야 한다."

*바라타*가 아무리 간절히 청해도 *라마* 왕자의 결심은 흔들림이 없었다. *라마*와 함께 돌아가는 것을 포기한 *바라타*는 그에게 마지막 부탁을 하였다.

"형님, 그렇다면 형님이 신고 계신 그 신발이라도 제게 주십시오."

*라마*가 내어준 그 신발을 가슴에 고이 간직하고 돌아온 *바라타* 왕자는 왕의 의자에 올려 놓고 자신은 왕궁 앞에 오두막을 지어 그곳에서 지내기 시작했다고 한다.

☑ **단칼에**

한 번에

새단어

• **고이** with care, 珍惜地, 大切に, 大事に, thanh thản • **간직하다** to keep, 珍藏, しまっておく, tha thiết

이야기 속 구경하기

01 단어 이해하기

1 〈보기〉에서 알맞은 단어를 골라 문장을 완성하십시오.

> **보기**
>
> 빌다   침범하다   눈에 띄다   잡아당기다   앓다   단칼에

1) 생일 케이크의 촛불을 끌 때마다 소원을 _____.

2) 열이 38도까지 오르는데 집에 약도 없어서 혼자 끙끙 _____.

3) 친구가 빨리 따라오라면서 내 옷을 _____.

4) 진경 씨는 돈을 빌려 달라는 친구의 부탁을 _____ 거절했다.

5) 내 동생은 멀리서도 _____ 외모를 가지고 있다.

02 내용 이해하기

1 다음의 내용이 맞으면 O, 틀리면 X 하십시오.

1) 신 비슈누는 라바나와 싸워 이기기 위해서 인간으로 다시 태어났다. ( )

2) 라마는 시타 공주의 남편이 되기 위해 동생과 함께 궁을 떠났다. ( )

3) 라마는 시타 공주의 남편을 찾기 위한 경연에서 활을 부러뜨렸다. ( )

4) 바라타는 왕이 되기 위해 아버지를 찾아가 부탁했다. ( )

5) 바라타는 형을 대신하는 뜻으로 형의 신발을 왕의 의자에 올려 놓았다. ( )

2 라마가 다시 궁으로 돌아가지 않은 이유는 무엇일까요?

① 다른 나라의 왕이 되기 위해서

② 바라타와 싸울 힘을 키우기 위해서

③ 아버지와 한 약속을 지키기 위해서

④ 자신의 목숨이 위험해지는 것을 피하기 위해서

이야기 돌아보기

1 이 이야기에서는 여러 가지의 약속이 등장합니다. 누가 누구에게 어떤 약속을 했는지 정리해 보십시오.

누가	약속의 내용
브라흐마 ▶ 라바나	
비슈누 ▶ 여러 신들	
자나카 왕 ▶ 사람들	
다샤라타 왕 ▶ 둘째 왕비	

2 여러분이 지금까지 살면서 한 약속 중에 가장 지키기 어려웠던 약속은 무엇입니까? 그 이유는 무엇입니까? 그 약속을 지키기 위해서 어떤 노력을 했습니까?

누구에게	
약속의 내용	
약속을 지키기 위해서 한 일	

이야기로 공부하기

★ 이야기에 나온 표현들을 공부해 봅시다.

동 -(으)려고 들다

꼭 해야 하는 일은 아니거나 하기 어려운 일을 무리해서 적극적으로 하려는 모습을 표현할 때 사용합니다.

> 예 아무리 어려운 일이라도 **하려고 들면** 못할 일이 없다.
>
> 지호 씨는 다른 사람의 말은 안 듣고 자기 얘기만 **하려고 들어요**.

연습

※ 다음 대화를 완성하세요.

1) 가: 그 사람은 제 얘기는 제대로 듣지도 않고 _____
   　　　　　　　　　　　　　　　　　　　　　　　　　　　(화를 내다)

   나: 그런 사람과는 정말 얘기하고 싶지 않아요.

2) 가: 요즘 너무 퇴근이 늦어서 집에서 밥 먹을 시간도 없어요.

   나: 우리 가족은 밖에서 하는 외식은 안 좋아해서 집에서만 _____.
   　　　　　　　　　　　　　　　　　　　　　　　　　　　　　　　　　　　(먹다)

3) 가: 민수 씨는 술에 취하면 자기가 꼭 _____.
   　　　　　　　　　　　　　　　　　　　　　(계산하다)

   나: 맞아요. 지난번에도 민수 씨가 술값을 내더라고요.

명 은/는 물론이고

앞에 있는 것은 말할 것도 없고 뒤에 있는 것까지 포함되는 것을 표현할 때 사용합니다.

> 예 이 제품은 **품질은 물론이고** 가격도 좋아서 많이 팔려요.
>
> 민수 씨는 **공부는 물론이고** 운동까지 잘하는 뛰어난 사람이에요.

연습

※ 다음 대화를 완성하세요.

1) 가: 이번에 새로 나온 스마트폰에 대해 소비자들은 어떤 반응을 보이고 있습니까?

   나: 이 스마트폰은 _____ 디자인까지 뛰어나서 좋은 반응을 얻고 있습니다.
   　　　　　　　　　　　　(기능)

2) 가: 이 식당에는 항상 손님이 많네요.

   나: 네, 이 식당은 _____ 분위기까지 좋아서 항상 손님이 많아요.
   　　　　　　　　　　　　　　(맛)

3) 가: 새로 이사한 집은 어때요?

   나: _____ 에어컨까지 준비되어 있어서 가전제품을 따로 살 일이 없어요.
   　　(냉장고)

동형 -(으)ㄴ들

어떤 상황을 가정해서 인정한다고 해도 뒤에 오는 결과는 달라지지 않을 때 사용합니다.
주로 앞의 내용이 기대에 미치지 않을 상황일 때 사용합니다.

> 예 지금 **출발한들** 약속시간까지 도착하기는 틀렸어요.
>
> 이제 와서 미안하다고 **사과한들** 다친 다리가 낫지는 않잖아요.

※ 다음 문장을 완성하세요.

1) 좋은 음식을 먹다 + 운동을 하지 않으면 소용이 없다.

_____

2) 시간이 지나다 + 마음의 상처는 사라지지 않다.

_____

3) 네가 눈물을 흘리다 + 그 사람의 결정은 달라지지 않다.

_____

동 -는 둥 마는 둥

어떤 일을 급하게 하거나 열심히 하지 않아 하는 것 같기도 하고 하지 않는 것 같기도 하는 모습
을 나타낼 때 사용합니다.

> 예 너무 급해서 신발을 **신는 둥 마는 둥**하면서 집을 나왔어요.
>
> 남편은 무슨 생각을 하는 건지 내 얘기를 **듣는 둥 마는 둥**해서 기분이 안 좋았다.

※ 다음 대화를 완성하세요.

1) 가: 유라 씨, 밥을 먹었어요?

　나: 입맛이 없어서 밥을 _____.
　　　　　　　　　　　　　　(먹다)

2) 가: 민수 씨, 많이 피곤해 보여요. 어제 잠을 못 잤어요?

　나: 네, 어제 너무 더워서 잠을 _____.
　　　　　　　　　　　　　　　　(자다)

3) 가: 아이가 게임을 너무 많이 해서 걱정이에요.

　나: 맞아요. 우리 아이도 게임에 빠져서 _____.
　　　　　　　　　　　　　　　　　　　(공부하다)

울며 겨자 먹기

싫은 일을 억지로 해야 되는 상황을 말할 때 사용합니다.

> 예 가: 휴가는 잘 다녀왔어요?
> 나: 아니요, 회사에 급한 일이 생기는 바람에 예약까지 다 해 놓은 여행을 **울며 겨자먹기**로 포기했어요.

요지부동(搖之不動)

어떤 상황에도 흔들리지 않는다는 뜻입니다. 사람의 경우 자신의 생각을 굽히지 않는 고집이 센 모습을 나타냅니다.

> 예 6개월째 오른 물가는 내려올 줄 모르고 **요지부동**이다.

라마야나는 인도를 대표하는 신화지만 동남아시아 여러 나라에서 다양한 모습으로 전해지고 있다. 캄보디아 앙코르 와트에는 여러 벽화가 있는데 그 중 원숭이들이 싸우는 모습은 라마야나의 영향을 받은 것이라고 한다. 라마야나의 후반부 이야기에는 원숭이 장군 하누만이 라마야나를 돕는 내용이 나오는데 그 모습이 벽화에 표현된 것으로 보인다. 태국에서는 라마키안, 라마키엔이라는 이름으로 라마야나의 이야기가 전해지고 있다. 태국의 왕을 부르는 표현인 라마1세, 라마2세는 라마야나에서 전해진 것으로 볼 수 있다. 또한 인도네시아, 미얀마 등의 공연에서도 라마야나를 주제로 한 것을 많이 볼 수 있다.

〈앙코르 와트의 벽화〉

정답

정답

Story 1 크리스마스 선물

[세 걸음 정답]

※ 단어 이해하기

1) 주룩주룩 2) 반짝반짝
3) 한참 4) 금세
5) 애를 썼지만

※ 내용 이해하기

1. 1) X 2) O
   3) O 4) X
   5) X

2. ②

[다섯 걸음 정답]

(18쪽) -다니

1) 일어나다니
2) 그 많은 피자를 다 먹다니
3) 합격하다니

-고 나면

1) 밥을 먹고 나면 너무 졸려요.
2) 남편이 출근하고 나면 내 일을 시작해요.
3) 운동하고 샤워하고 나면 기분이 좋아져요.

(19쪽) (으)로부터

1) 관심으로부터
2) 그 대학교로부터
3) 아버지로부터

-든지

1) 같이 밥을 먹든지 차를 마시든지
2) 키가 크든지 작든지
3) 산책을 하든지 자전거를 타든지

Story 2 행복한 왕자

[세 걸음 정답]

※ 단어 이해하기

1) 펑펑 2) 훨훨
3) 쓸모없는 4) 거절했다
5) 상처투성이였다

※ 내용 이해하기

1. 1) O 2) O
   3) X 4) O
   5) X

2. ①

[다섯 걸음 정답]

(34쪽) -(으)며

1) 추며
2) 아름다우며
3) 볼 수 있으며

-ㄴ/는다고요?

-다고요?

1) 잘한다고요?
2) 결혼한다고요?
3) 온다고요?

(35쪽) -아/어다(가)

1) 유라 씨가 요리를 해다가 에릭 씨한테 줬어요.
2) 저는 도서관에서 책을 빌려다가 집에서 읽어요(읽을 거예요).
3) 친구가 가방을 사다가 저한테 선물로 줬어요.

-아야/어야 할 텐데(요)

1) 빨리 나아야 할 텐데요.
2) 손님들이 많이 와야 할 텐데요.
3) 빨리 도착해야 할 텐데요.

Story 3 평강공주와 바보 온달

[세 걸음 정답]

※ 단어 이해하기

1) 툭하면   2) 으앙
3) 뚝   4) 더듬더듬

※ 내용 이해하기

1. 1) O   2) X
    3) O   4) O
    5) O

2.   ②

[다섯 걸음 정답]

(48쪽) -아/어 대다

1) 울어 대요
2) 골아 대서
3) 놀려 대서

에 불과하다

1) 30명에 불과하다
2) 시작에 불과하다
3) 평범한 엄마에 불과해요

(49쪽)　-(으)나

1) 그 사람은 열심히 노력했으나 실패하고 말았다.
2) 이 구두는 값은 저렴하나 품질이 좋다.
3) 이 도시는 교통이 복잡하나 편리하다.

-기에

1) 그 사람과 헤어질까 봐 무서웠기에 거짓말을 하고 말았다.
2) 윤오는 항상 성적이 좋기에 선생님께 칭찬을 많이 받는다.
3) 친구들이 모두 바쁘기에 약속 시간을 정하기 어렵다.

Story 4　바보 이반

[세 걸음 정답]

※ 단어 이해하기

　　1) 펑펑　　　　2) 무작정
　　3) 쯧쯧　　　　4) 과소비
　　5) 입에 오르내렸어요

※ 내용 이해하기

1.　1) X　　　　　2) X
　　3) X　　　　　4) O
　　5) O

2. ④

[다섯 걸음 정답]

(64쪽)　-(으)ㄴ/는 탓에

1) 아르바이트 경험이 없는 탓에 실수를 했다.
2) 갑자기 비가 온 탓에 옷이 모두 젖어 버렸다.
3) 너무 긴장한 탓에 시험에서 떨어졌다.

-기 일쑤이다

1) 늦게 일어나기 일쑤이다
2) 밤을 새우기 일쑤이다
3) 넘어지기 일쑤이다

(65쪽)　-(으)려다가

1) 친구한테 전화하려다가 문자메시지를 보냈어요.
2) 책을 사려다가 비싸서 도서관에서 빌렸어요.
3) 비빔밥을 만들려다가 떡볶이를 만들었어요.

-(으)ㄴ/는/(으)ㄹ 듯이

1) 하늘을 날 듯이
2) 죽을 듯이
3) 그림으로 그린 듯이

Story 5　구두쇠 스크루지

[세 걸음 정답]

※ 단어 이해하기

　　1) 요청했다　　　2) 허둥지둥

3) 비뚤어진   4) 유쾌해서
5) 반성하고

※ 내용 이해하기

1. 1) O   2) X
   3) O   4) X
   5) X

2. ④

[다섯 걸음 정답]

(78쪽) (이)자

1) 장점이자 단점
2) 가수이자 연기자
3) 동생이자 친구

-(으)ㄴ/는데도

1) 밥을 많이 먹었는데도 배가 고파요.
2) 옷을 많이 입었는데도 추워요.
3) 외국 사람인데도 한국말을 잘해요.

(79쪽) -고자

1) 교환하고자
2) 알리고자
3) 배우고자

-(으)ㄴ/는 김에

1) 빨래하는 김에
2) 가는 김에
3) 나간 김에

Story 6 자린고비

[세 걸음 정답]

※ 단어 이해하기

1) 검소하셔서   2) 도로
3) 꼬르륵꼬르륵 4) 닳아서
5) 지친다

※ 내용 이해하기

1. 1) X   2) O
   3) O   4) O
   5) X

2. ④

[다섯 걸음 정답]

(92쪽) -았/었더니

1) 불렀더니
2) 먹었더니
3) 연습했더니

에 못지않게

1) 요리사에 못지않게
2) 한국 사람에 못지않게
3) 외모에 못지않게

(93쪽) (으)로 인해서

1) 오늘 아침 기계 고장으로 인해서 지하철 사
   고가 발생했다.

2) 스트레스로 인해서 담배를 피우는 사람들이 증가하고 있다고 한다.

3) 더운 날씨로 인해서 시원한 음료의 판매가 늘어나고 있다.

치고

1) 대학생치고 아르바이트를 안 하는 학생이 없다.

2) 어린 아이치고 아이스크림을 싫어하는 아이가 없다.

3) 외국인 관광객치고 명동에 안 간 관광객이 없다.

Story 7 라푼젤

[세 걸음 정답]

※ 단어 이해하기

   1) 간절히
   2) 흉내를 내서
   3) 헤매다가
   4) 들키고 말았다
   5) 고래고래

※ 내용 이해하기

1.   1) O   2) X
     3) X   4) X
     5) O

2. ② → ④ → ① → ③

[다섯 걸음 정답]

(106쪽) -(으)ㄴ/는 셈이다

1) 함께 사는 셈이에요.

2) 마시는 셈이에요.

3) 먹은 셈이야.

-(으)ㄹ 만큼

1) 들을 만큼

2) 기절할 만큼

3) 둘이 먹다가 하나가 죽어도 모를 만큼

(107쪽) 에 따라서

1) 요일에 따라서

2) 나이에 따라서

3) 계절에 따라서

-기가 무섭게

1) 만들기가 무섭게

2) 받기가 무섭게

3) 보내기가 무섭게

Story 8 선녀와 나무꾼

[세 걸음 정답]

※ 단어 이해하기

   1) 소원은   2) 닿지 않아서
   3) 동동   4) 어느덧

5) 쫓아가서

※ 내용 이해하기

1. 1) O   2) X
   3) X   4) O
   5) X

2. ②

3. ③

[다섯 걸음 정답]

(120쪽) -던데

1) 맛있던데
2) 기침을 하던데
3) 팔던데

-는 사이에

1) 주차하는 사이에
2) 다른 생각을 하는 사이에
3) 만드는 사이에

(121쪽) (이)라도

1) 혼자라도
2) 내일이라도
3) 카페에서라도

-는 바람에

1) 끼고 있는 바람에
2) 말을 거는 바람에
3) 넘어지는 바람에

Story 9   활을 잘 쏘는 주몽

[세 걸음 정답]

※ 단어 이해하기

1) 가로막아서
2) 당장
3) 허락을
4) 잡혔다
5) 무사히

※ 내용 이해하기

1. 1) X   2) O
   3) X   4) O
   5) O

2. ②

[다섯 걸음 정답]

(134쪽) -ㄴ/는다고 밝히다
        -다고 밝히다

1) 결혼한다고 밝혔어요
2) 교환해 주겠다고 밝혔습니다
3) 뽑겠다고 밝혔습니다.

-(으)ㄹ 줄 알았다/몰랐다

1) 안 추울 줄 알았어요
2) 오실 줄 몰랐습니다
3) 좋아할 줄 알았어요

(135쪽) -ㄴ/는단 말이다

-단 말이다

1) 판단 말이에요
2) 중요하단 말이에요
3) 많단 말이에요

-(으)ㄹ 따름이다

1) 최선을 다할 따름이에요
2) 미안할 따름이에요
3) 황당할 따름이에요

Story 10 반고와 여와 이야기

[세 걸음 정답]

※ 단어 이해하기

    1) 전전긍긍이었다
    2) 한눈팔면서
    3) 텅
    4) 무릎을 치셨다
    5) 용서해 주시겠다고

※ 내용 이해하기

1. 1) O   2) O
    3) X   4) X
    5) X

2. 1) 새벽빛
    2) 낮의 하늘빛
    3) 노을빛

4) 밤의 하늘빛

[다섯 걸음 정답]

(148쪽) -아/어 내다

1) 따 냈어요
2) 해 냈습니다
3) 얻어 냈습니다

에다가

1) 위에다가
2) 수첩에다가
3) 회사 앞 식당에다가

(149쪽) 여간 -(으)ㄴ/는 것이 아니다

1) 여간 어려운 일이 아니에요
2) 여간 힘든 일이 아니에요
3) 여간 머리 아픈 일이 아니에요

-는다면

-다면

1) 대통령이 된다면
2) 반대하신다면
3) 글을 쓴다면

Story 11 이자나기와 이자나미

[세 걸음 정답]

※ 단어 이해하기

1) 뜨는
2) 상의해요
3) 한숨을 돌릴 수 있다
4) 원망했는데
5) 간신히

※ 내용 이해하기

1. 1) X 2) O
   3) X 4) O
   5) O

2. ③

[다섯 걸음 정답]

(162쪽) －되

1) 마시되
2) 하되
3) 먹되

－아/어 치우다

1) 해 치울 테니까
2) 먹어 치우는
3) 갈아 치우고

(163쪽) －(으)ㄹ 지경이다

1) 잠을 못 잘 지경이에요
2) 무서울 지경이에요
3) 눈물이 날 지경이에요

－고야 말겠다

1) 담배를 끊고야 말겠어요
2) 따고야 말겠습니다
3) 완성하고야 말겠습니다

Story 12 라마야나

[세 걸음 정답]

※ 단어 이해하기

1) 빈다
2) 앓았다
3) 잡아당겼다
4) 단칼에
5) 눈에 띄는

※ 내용 이해하기

1. 1) O 2) X
   3) O 4) X
   5) O

2. ③

[다섯 걸음 정답]

(178쪽) -(으)려고 들다

1) 화를 내려고 들어요
2) 먹으려고 들어요
3) 계산하려고 들어요

은/는 물론이고

1) 기능은 물론이고
2) 맛은 물론이고
3) 냉장고는 물론이고

(179쪽) -(으)ㄴ들

1) 좋은 음식을 먹은들 운동을 하지 않으면 소용이 없다.
2) 시간이 지난들 마음의 상처는 사라지지 않는다.
3) 네가 눈물을 흘린들 그 사람의 결정은 달라지지 않는다.

-는 둥 마는 둥

1) 먹는 둥 마는 둥했어요
2) 자는 둥 마는 둥했어요
3) 공부를 하는 둥 마는 둥해요